「折れない子」を育てる アメとムチ

松川武平
Matsukawa Buhei

幻冬舎MC

はじめに

多くのお母さん、お父さんは、自分の子に何事にも前向きで、頑張れる子になって欲しいと願っていることでしょう。

ところが、学校の先生に伺うと、少し歩いただけで「疲れた」と座り込んでしまう子や、少しでも難しいことにはチャレンジしない子、自分の意見を主張せず、何でも人任せにしてしまう子が目立ってきているというのです。

事実、こんなデータがあります。日本、アメリカ、イギリス、ドイツ、フランス、スウェーデン、韓国の7カ国で13歳~29歳の若者に対し、「うまくいくかわからないことにも意欲的に取り組みますか?」という質問をしたところ、日本はダントツの最下位だったというのです。1位のフランスが86%、6位のスウェーデンでさえ66%が「はい」と回答しているというのに、日本ではわずか52%しか「はい」と答えていないのです(平成25年度「我が国と諸外国の若者の意識に関する調査」/内閣府)。

チャレンジ精神を持てないというのは、自分に自信のないことが大きな要因になります。失敗することや、途中で辛くなることをおそれて、最初から努力をしない道を選ぶのです。

しかし、挑戦することをせずに育つということは、壁を乗り越える力をつけられないということに繋がります。小学校までは親や先生のサポートで何とかなるものの、中学生になれば、1人の人間として、自分の壁は自分で乗り越えなければなりません。

定期テスト、部活動のレギュラー争い、厳しい練習、宿題、塾通い、高校受験と、どれも親に身代わりとなってもらうことはできないことです。壁にぶちあたった時、彼らは簡単に「学校を休む」「部活をやめる」「勉強をしない」という道を選び、高校にも行かず引きこもってしまうこともあります。

こうした壁を乗り越えられない子を、「折れやすい子」、失敗しても何度も挑戦できる子を「折れない子」と私は呼んでいます。

自分に自信を持ち「折れない子」になるためには、自己肯定感が高くなければなりません。前出の調査では、「自分自身に満足していますか？」「将来に希望がありますか？」という質問もしていますが、いずれも「はい」と回答した若者は、他国に比べ20％以上も少なく、日本の若者の自己肯定感が低く、将来に期待を持てていないことがわかります。

こうした傾向について、たくさんの教育関係者や育児評論家の方が意見を述べ、書籍も多数発行されています。特に「叱らない育児」「褒めて育てる」といった、褒めることを推奨する育児本の種類には目を見張るほどです。確かに、人は褒められれば、自分を好きになり「生まれてきて良かった」「人生って楽しいな」と思えますから、褒めることは間違ってはいません。

しかし一方で、「褒めない育児」「叱って育てる」という考え方が最近台頭してきています。褒めすぎるだけでは、子どもに生活習慣やマナーを教えることは難しいのです。公共の場で子どもが騒いでも叱らない親、お店の商品を子どもが触っても笑って見ている親たちが、マスコミなどにバッシングされることも多々あったと記憶しています。そのために「褒めずに叱れ」というわけです。

どちらも大切な育児の要素であることは間違いありません。しかし、どちらかに偏った育児や、「褒める」「叱る」のタイミングを誤れば、子どもは歪んで成長することになってしまいます。

では、子どもが歪むことなく「折れない子」に育つために、親はどのような育児をすれば良いのでしょうか。

私は約40年という長きにわたり小児科医として臨床にあたるとともに、元愛知医科大学小児科教授・医事評論家で育児本のベストセラーの著者でもある久徳《きゅうとく》重盛先生に師事し、子どもの発達過程や、子どもとメディアの関わりについて研究を続けてきました。また、1999年からは病児保育にも取り組み、子どものからだと心の両面から「本当に必要な育児とは何か」を考え続けてきたのです。

勉強、遊び、食事、家のお手伝い……生活のあらゆる面で子どもがどのように感じ、その結果どう成長していくかを分析し、ようやくそれらを理論的にまとめることができました。

生まれたばかりの赤ちゃんは未知の可能性を持っています。しかしどんな才能も、その子自身が目標に向かって頑張れなければ開花することはありません。持って生まれた能力を最大限に活かすためには、「たくましい心」「ストレスに耐えられる心」を持った「折れない子」に育てなければなりません。

そのための基本は親子関係の中にあり、親が子に行う褒め方と叱り方が最大のポイントになります。乳幼児期に罵声を浴びせても良いことはひとつもありません。しかし小学生を褒め続けても、マナーや道徳は身につかないのです。

褒めることは子どもにとっては「アメ」です。そして叱ることは「ムチ」です。アメをたくさんあげて育てる時期と、ムチをしっかり与えて「悪いこと」を理解させる時期もあるのです。

年齢相応のアメとムチの使い分けが、子どもの自己肯定感を育てる最大のポイントだと私は考えています。

そこで本書では、0～15歳を5つのステージに区切り、それぞれのステージごとに明確な「アメ」と「ムチ」を紹介することで、お子さんの年齢に合わせて育児ができるように工夫してあります。

15歳未満のお子さんを持つ、日本中のお父さん、お母さん、おじいさん、おばあさん、教育関係者の方々、そしてこれから子どもを持とうと考えている若い世代の方にとって、本書が少しでもお役に立てれば、著者として何よりの喜びです。

「折れない子」を育てるアメとムチ　目次

[第4章]【折れない子を育てるステージ②：1～3歳】

新たな環境にも適応できる「想像力」を育む

［第6章］【折れない子を育てるステージ④：6～10歳】

自分の意思を発信する「コミュニケーション力」を鍛える

［第1章］

親への過度な依存、引きこもり、プチうつ……一度失敗したら立ち直れない「折れやすい子」が増えている

頑張りのきかない子、チャレンジしない子、失敗のできない子が急増

子どもは誰もが大きな可能性を持って生まれてきます。

赤ちゃんが生まれたその瞬間、そこにはたくさんの希望の光がさし、キラキラと輝く未来が待ち受けているのです。

子どもは、家族や周囲の人に支えられ、かわいがられ、さまざまなことを教えられ、年齢相応に成長していきます。挫折や悲しみを一つずつ乗り越え、努力をし、やがて家庭や社会に貢献する役割を担う大人になっていく――。それが、本来人間が育っていく自然な過程であるはずです。

ところが、ここ数十年、子どもの様子が変わってきたという声が、私のまわりの人たちや小学校の先生、小児科医などから聞こえてくるようになってきました。

たとえば、少し歩いただけで「疲れた」と座り込んでしまうような子や、難しいことにチャレンジしようとしない子、自分の意見を通そうとしない子、すぐに「いやだ」「面倒くさい」と口にする子、自分から友達の輪の中に入っていけない子――。そんな子どもた

ちが増えているというのです。

一見すると、どれも「個性」として片付けられてしまいがちな、ささいなことのように思えます。しかしこうした子どもたちには、頑張りがきかず、すぐにあきらめてしまうという共通した傾向があり、学校生活でもさまざまな問題を抱えてしまいがちです。

本書では、こうした「頑張れない」「我慢できない」「自分の意見を言えない」子どものことを、「折れやすい子」と呼びます。

思春期に問題行動を起こす「折れやすい子」たち

「折れやすい子」が抱える「頑張れない」「我慢できない」「自分の意見を言えない」といった問題は、成長するにつれて、「失敗をおそれて挑戦しない」「小さな挫折にも弱く、すぐにあきらめてしまう」「生きていることそのものに価値を見い出せない」という心の弱さに発展してしまいがちです。

人生は、自分自身で努力して「壁」を乗り越えていくことの連続だといえます。受験勉強を頑張って志望校に合格する、部活動の練習に打ち込んで大会で優勝する……といった大きなことだけでなく、友達に謝って許してもらう、苦手な問題を練習して解けるようにするといった小さなことも無数にあります。

「折れやすい子」は、こうした壁を自力で乗り越えることが苦手です。そのため、進学や就職といった人生のターニングポイントで大きくつまずいてしまう可能性があります。

しかし、子どもが高校を卒業する頃になってからようやく両親が「うちの子は困ったことになっている」と気づいたとしても、もはや「折れやすい心」を矯正することは困難です。

それまで何の挑戦もせず、頑張ることもないまま育ってきてしまった「折れやすい子」は、高い壁を乗り越える方法を知りません。壁を目の前にして途方に暮れてしまい、現実から逃避してパソコンやスマホ、ゲームに依存したり、摂食障害、睡眠障害に陥ったり、抑うつ状態になったりする子どもが少なくないのです。

早い段階からわが子を、「折れない子」に育てておかなければ、進学や就職が難しくなるばかりでなく、たとえ社会に出ることができても、他者とコミュニケーションをとることが苦手で、社会に適応することが難しくなってしまいます。。

50人に1人はニートという日本の若者

小さい頃から頑張ることを知らない「折れやすい子」たちが、社会に出るべき年齢になったときに陥りやすいのが、ニートと呼ばれる、「社会に出られない」状態です。

内閣府が発表している2016年版「子ども・若者白書」によれば、学校に通わず仕事も家事もせず、その上、求職活動もしていない15歳~34歳の若者が全体の2・1%います。およそ50人に1人の割合なので、わが子がニートになる可能性も決して少なくありません。

ニートとなった若者たちは、自分が仕事をしなければならないことはわかっていても、具体的な就職活動をしようとはしません。その理由を尋ねたところ、「仕事を探したが見つからなかった」「希望する仕事がありそうにない」「知識・能力に自信がない」という、真っ当な大人から見れば甘すぎるとしか思えない理由が多数を占めるのです（平成24年就業構造基本調査結果より）。

ニートにならず社会に出たとしても、安心はできません。実際、毎年5月頃になると新入社員の若者が精神科を受診し、それでも治らず休職や退職に至るケースが非常に増えているそうです。「上司に怒られた」「職場になじめない」「仕事がうまくできない」といったことがきっかけとなり、軽いうつ状態になってしまうのです。

社会人として仕事をしなければならない年齢になっても、仕事に就けない、あるいは仕事を続けることができない若者たち――。彼らは年齢相応に成長できていない「未成熟な大人」であり、「折れやすい子」のなれの果てといってもよいでしょう。

［図表1］ なぜ就職活動をしないのか

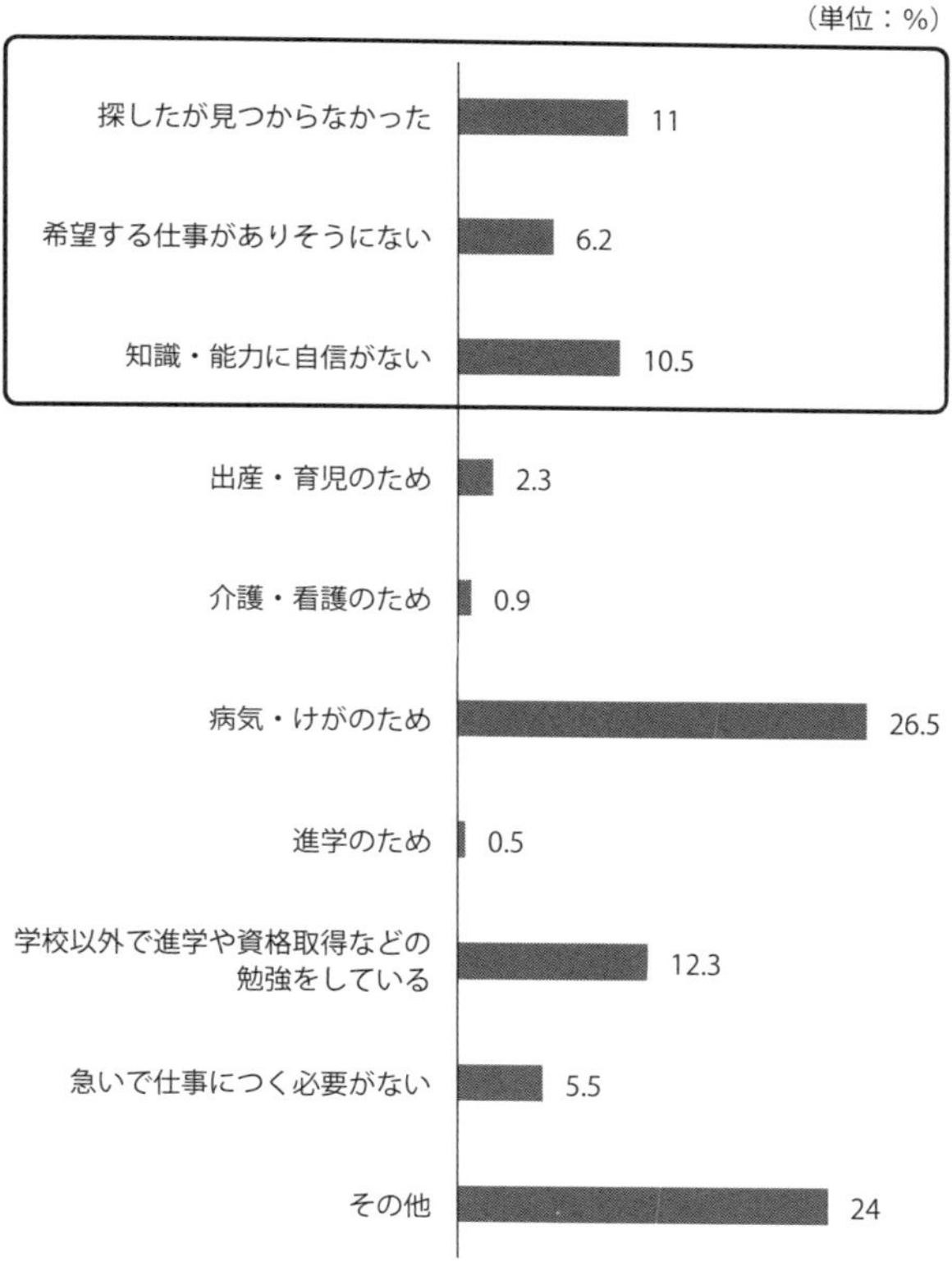

出典：平成24年「就業構造基本調査結果」／総務省統計局

［第2章］

子どもの心の強さは「アメ」と「ムチ」のバランスで決まる！ 成長段階を5つに分けて「しつけ方」を変える

「自分でやる」「最後まで頑張る」ために必要な5つの力

失敗を怖れ、頑張ることができない「折れやすい子」。その真逆となる、たくさんの壁を乗り越え、失敗を経験して強い心に育った「折れない子」は、失敗を怖れず何度でも立ち向かう力を持っています。苦手なことにも挑戦し、自分の意思をまわりに伝えることができ、自分の持つ能力を１００％出して活躍し、現代社会を乗り切っていくことができます。わが子を「折れない子」に育てることこそ、両親にとって非常に大切なことです。

「折れない子」を育てる基本は、５つの力を育てることにあります。

「自己肯定力」「想像力」「忍耐力」「コミュニュケーション力」「自立力」がその５つです。これらがバランスよく育っていなければ、どんなに偏差値が高く、運動能力が人並み外れていたとしても、自分の能力を最大限発揮し、頑張り抜いて物事を達成することは困難となります。

５つの力を身につけさせること――つまり、「折れない子」に育てることができるのは、子どもにとって一番身近な存在であるお母さん、お父さんです。仕事が忙しく、短時間しか子どもと接することができないからと、あきらめる必要はありません。保育園に預けていてお母さんより保育士さんと過ごす時間のほうが長い場合でも、お母さんやお父さんの関わりこそが大切なのです。

そして子どもとの関わり方は、子どもの年齢と発達段階に応じて変化させていかなければなりません。

子どもの成長過程には5つの大きな節目があると考えられています。子どもによって多少の差はありますが、おおむね1歳、3歳、6歳、10歳、15歳が節目の目安です。どの年齢においても5つの力を育む必要がありますが、特にその年令で重点的に育てるべき力もあります。そうしたポイントを見失わないことが「折れない子」を育てるための基本になります。

5つの力が育つステージ

子どもが生まれてから15歳になるまでの間、5つの力を育てていく過程を概観すると次のようになります。

◆0～1歳：自己肯定力の基礎を育む時期

「折れない子」となるのに必要な5つの力の1番目は、「自己肯定力」です。自己肯定力を持つ子は自分に自信があり、人生を楽しみ、あらゆることに立ち向かっていくことができます。自己肯定力の基礎は、生まれた直後から1歳までの時期に育まれます。

生まれた直後の赤ちゃんは寝てばかりいるように見えますが、うつらうつらしながらもたくさんの外部刺激を受け取っています。家族の声や生活音、両親のからだのぬくもり、料理や母乳の匂いなど、五感で得た情報が赤ちゃんの脳を刺激するのです。

お母さんの優しい声が近くで聞こえた後、母乳をもらえたり、おむつを替えてもらえたり、何か気持ちよいことが起こるということを繰り返し経験するうちに、「優しいお母さ

[図表2]「折れない子」に必要な5つの力

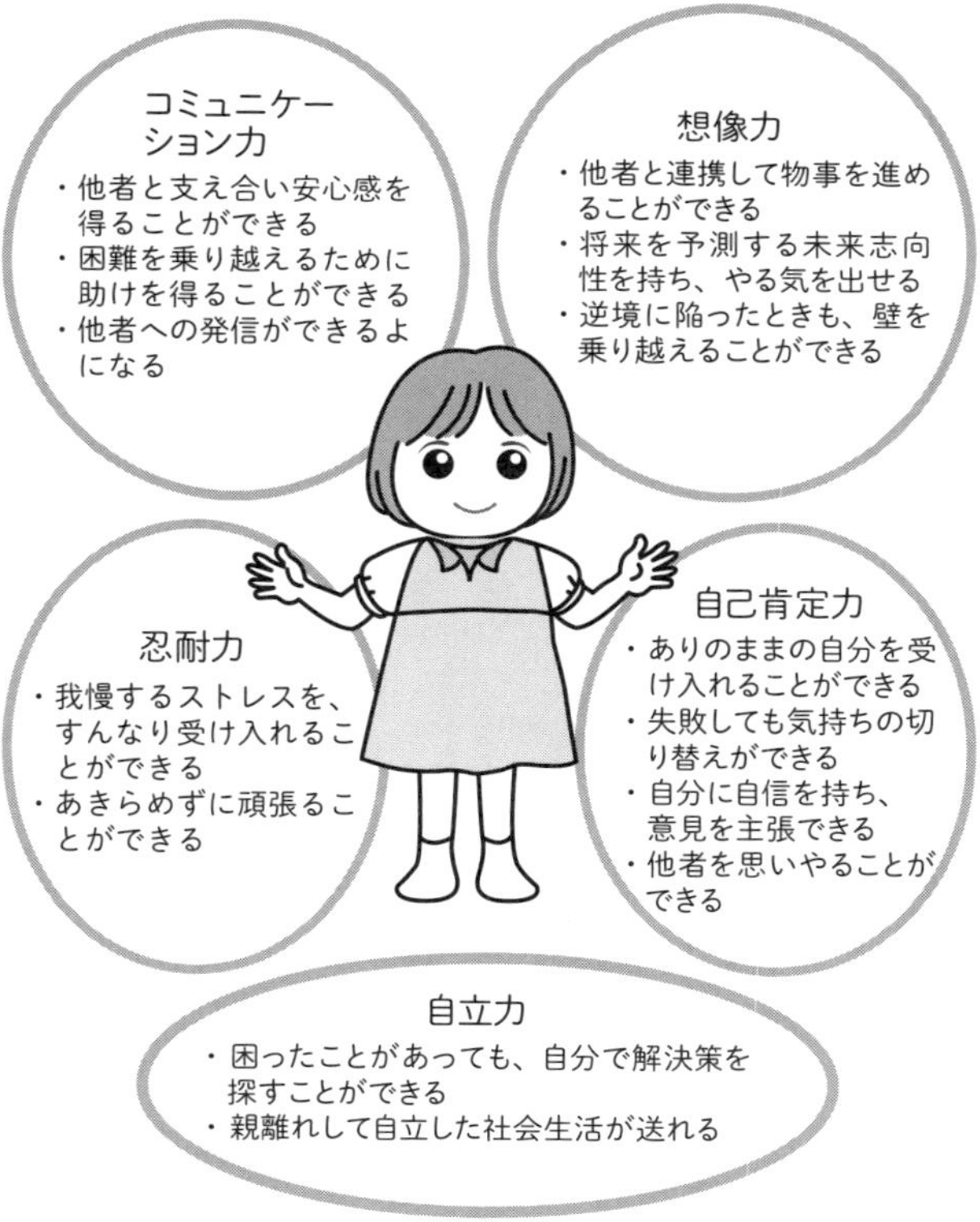
コミュニケーション力
・他者と支え合い安心感を得ることができる
・困難を乗り越えるために助けを得ることができる
・他者への発信ができるようになる
想像力
・他者と連携して物事を進めることができる
・将来を予測する未来志向性を持ち、やる気を出せる
・逆境に陥ったときも、壁を乗り越えることができる
忍耐力
・我慢するストレスを、すんなり受け入れることができる
・あきらめずに頑張ることができる
自己肯定力
・ありのままの自分を受け入れることができる
・失敗しても気持ちの切り替えができる
・自分に自信を持ち、意見を主張できる
・他者を思いやることができる
自立力
・困ったことがあっても、自分で解決策を探すことができる
・親離れして自立した社会生活が送れる

んの声」＝「よいこと」という図式が脳にインプットされます。

この時期に赤ちゃんが不快な感情を「泣く」というかたちで外部に発したことに対して、よい反応をたくさんもらえると「自己肯定力」が芽生えはじめます。要求したことに応えてもらえたことで「自分のために誰かがよいことをしてくれる」と理解し、自分という存在が認められていると感じることができるためです。

小さな頃にたっぷり愛情を受ける経験をすることで誰かに必要とされていると実感し、自分が生きていることに価値を見出せるようになります。長所も短所も含めて、「自分は自分」として、ありのままの自分を受け入れることができるので、失敗しても「やるべきことはやった」「次は頑張ろう」とポジティブな思考で気持ちの切り替えができます。

自己肯定力が高まれば、自分に自信を持ち、意見を主張できるようになります。また、自分を大切にできる分、他者を思いやる気持ちの余裕を持つことができますから、人に好かれる人になっていくのです。

一方自己肯定感の低い子は、失敗すると「どうせ自分なんか」「自分がやっても無駄だ」とネガティブな思考に走り、自分を否定するようになります。それによって周囲とのコミュニケーションがうまくいかなくなったり、自身を傷つけるような行動に走ってしまう子も出てきてしまうのです。

◆1～3歳：想像力を育む時期

他者の気持ちを思い、心の内を察することができる「想像力」も、自己肯定力と同様に、他者とのコミュニケーションを円滑にするために必要な力です。相手の気持ちが想像できれば、それに合った適切な言葉を選び、しぐさ、表情をつくることができます。いわゆる「空気の読める人」として、他者と連携して円滑に物事を進めることができるのです。

また、想像力が豊かになれば、将来のことに思いをはせる「未来志向性」も芽生えます。「こんな大人になりたい」「将来、あんな職業につきたい」といった将来の自分をイメージすることが、やる気を起こし、モチベーションを維持することにもつながります。

さらに、逆境に陥ったときも、「こうすれば乗り越えられる」「他に方法はないか」とさまざまな角度から想像を働かせることで、心が折れることなく、壁を乗り越えるためのアイデアを生み出すことができます。豊かな想像力もやはり「折れない子」の必須条件と言えるのです。

1～3歳は、想像力の土台をつくる時期にあたります。先ほど触れた未来志向性は10歳までに身につけさせたいところですが、そのための基礎づくりという意味合いもあります。

この時期には、自分の周囲のものへの興味・好奇心が強くなって、「触ってみたい」「いじってみたい」という欲求が強くなってきます。この欲求が満たされる経験を重ねることで自由な「想像力」が育ちます。

周囲の大人が「ケガをしないように」とか「面倒なことはやってあげる」などとかまい過ぎたり、やりたがっていることを先回りしてやってしまったりすると、後述する「自立力」の成長を阻んでしまいます。両親の側に、できるだけ手を出さずに見守るということがもっとも求められる時期だと言えるでしょう。

◆3～6歳：忍耐力を育む時期

準備ができるまで待つ、その場の状況に合った振る舞いをする、社会のルールを守る……といったことは、適切なしつけやマナー教育によって育まれます。こうした社会性を身につけていくにつれて、「忍耐力」も自然に備わり、我慢することがさほど辛く感じなくなっていきます。逆に、忍耐力をうまく身につけることができなければ、我慢するということができず、すぐにキレたり簡単にあきらめてしまう子になります。

3歳になると、子どもは自分の意思を言葉でうまく伝えられるようになります。しかし、親などに自分の希望を伝えても、それがすべて叶えられるわけではないことを覚える必要があります。物が溢れ、欲しいものが簡単に手に入る現代において、子どもたちは我慢を強いられる機会が少なくなってきています。だからこそ、意識的に忍耐力を育てる必要があるのです。

道徳やマナーの基本を教えることも、この時期の育児の大切な課題です。正しいこととダメなことの区別ができ、正しい行動ができる子に育てるためには、この時期に「ダメなものはダメ」と徹底して教え込むことが重要です。正しい行動ができるという自信を持てるようになれば、後々の人生で道に迷ったときも、自分で考え、正しい道を選択できるようになります。

◆6～10歳：コミュニケーション力を鍛える時期

コミュニケーション力は、自己肯定力や想像力とも関係しますが、「他者と理解し合う力」のことです。他者を積極的に理解し、相手の気持ちになって考えることができれば、多くの人と良好な人間関係を育むことができ、人生のさまざまな局面において支援や応援をしてもらえるようになります。また、周囲の人との円滑な関係があることで安心感が得られ、ストレスも最小限になり、頑張り抜く力を保つことができるのです。

相手の気持ちがわかるようになれば、相手に対して適切な行動ができるようになり、困っている人を助けてあげるとか、人のよいところを見つけて褒めるといった、相手を心地よくさせる技術にも長けるようになります。その結果、相手に好ましい印象を持ってもらうことができ、自信がついて、何事にも前向きに取り組むことができるようになります。

小学校で多くの時間を過ごすことになるこの時期は、人間関係が複雑になってきます。特に6～10歳になると友だち同士の関係が強くなり、多くの子どもは特定のグループで遊ぶようになります。「ギャングエイジ」と呼ばれるこの年代は、仲間のなかで社会的なルールを学ぶ大切な期間でもあるのです。

元気な子、おとなしい子、やんちゃな子……さまざまなタイプの子と触れ合うことで、多種多様な人間がいることを実感するようになります。そして、何でも自分の思い通りにいくわけではないことについても、いっそう理解が深まっていきます。

どうすれば相手に自分の気持ちを伝えられるのか、相手を不愉快にさせないためにはどうしたらよいのか——そういった振る舞い方や言葉の選び方を学ぶのがこの時期の大切な要素になります。しかし、「こういうときにはこうしなさい」と理屈を教えただけでは、子どもの心には残りません。

大切なのは、両親がお手本となってコミュニケーションの仕方を子どもに示すことです。挨拶をすると相手が笑顔になってくれること、何かをしてもらったときに「ありがとう」と言うことで感謝の気持ちを伝えられること、「ごめんなさい」と謝ることで関係が修復できること。そういったコミュニケーションの基本を家族の中で繰り返し学んだ子どもは、「コミュニケーション力」の高い子に育ちます。

また、このステージでも引き続き忍耐力を育みます。いいことと悪いことの区別や、勉強やスポーツなどをあきらめずに頑張ることを子どもに教えることが重要なのです。

小学校3・4年生くらいまでは、家族はもちろん、学校の先生や近所の人、習い事の先生など、さまざまな大人の話を聞き、教えてもらうことで「コミュニケーション力」や「忍耐力」を養う時期なのです。

◆10~15歳：自立力を育む時期

「自立力」は、1人の人間として社会の中で自立して生きていくために必要な力です。幼い頃から「依存しない力」として少しずつ育まれていきます。

自立力が年齢相応に育っていくと、困りごとや悩みがあってもすぐ親に頼るようなことはなくなります。まず、自分でできる解決策がないかどうかを考え、どうしても自力では解決できないとなったときにはじめて、親なり友人なりにアドバイスを求めるようになるのです。

10~15歳頃の子どもは、ちょうど親離れをする時期にさしかかります。自立力が育っていくと、現実的にも「自立したい」という気持ちが芽生えるのです。親よりも友達とのかかわりが増え、一人で留守番や旅行ができるようになります。思考面でも親とは違う考えを持つようになります。そのため、親の干渉を嫌って反抗期を迎えますが、最終的には親から巣立つという望ましい「親離れ」が完成します。

この時期、子どもの意思を尊重して親の考えを押しつけないようにします。親にとっても子離れの時期になりますが、この時期をうまく乗り越えることで子どもの自立力が養われるのです。

また、10歳までに子どもたちは大人へのあこがれや「将来の夢」をおぼろげながら持ちはじめます。このイメージをさらに具体化し、将来に向かって努力しはじめる子どもが出てくるのもこの時期です。海外で仕事がしたいと思って外国語の勉強に力を入れる、福祉関係に進みたくてボランティアの体験をする、人前で話す仕事に興味を持って放送委員会に所属する……など、希望する未来に向けて一歩を踏み出すことになるでしょう。

将来の夢がまだ見つからない子どもの場合も、部活動などで目標とする先輩と話をする、尊敬できる先生と出会う、一生の友を見つける……など、将来に結びつく何かしらのきっかけをこの時期に持つことで、「自立力」を高めていくことができます。

以上見てきた「折れない子」に必要な5つの力は、ほぼ100％、育った環境によってかたちづくられることが科学的にもわかっています。知能や気質には遺伝的要素が関与しますが、それがそのまま性格に反映するわけではありません。周囲の人の働きかけや日々生活する環境によって、その子の性格が形成されていきます。つまり「折れない子」として育つかどうかは、育てられ方と育つ環境にかかっているのです。

「アメ」と「ムチ」の法則を知る

この5つの力は常に育み続けるものではありますが、発達の段階に合わせて重点的に強化していくことも大切になります。そのための具体的な方策として育児における「アメ」と「ムチ」を年齢に応じて適切に使い分けることが重要になります。

子どもに心地よい刺激をたくさん与えて育てると、ポジティブな感情が育まれ、「自己肯定力」の優れた子に育ちます。しかし心地よい刺激ばかりを与え続ければ、ちょっとした不快な状況も我慢することができなくなり、「忍耐力」に欠けた子どもになってしまいます。

たとえば、赤ちゃんはお腹が空くと泣いて不快さを訴えます。そこでおっぱいやミルクを与えてもらうと、「嬉しい」「認めてもらえた」と感じます。しかし、もし、お腹が空いたと感じる前にミルクを与えてしまったとすると、赤ちゃんは泣いて欲求を訴える必要がなくなってしまいます。我慢する必要がないわけです。これでは「折れない子」に必要な、「忍耐力」を育むことができず、5つの力をバランス良く成長させることができません。

そこで大切になるのが、相反する2つの働きかけです。「喜び」や「満足」を感じる働きかけと、「我慢」や「忍耐」といった厳しさを表現する働きかけ。つまり、子どもにとって心地よい「アメ」と、厳しく感じる「ムチ」を上手に使い分ける必要があるのです。

今のお母さん、お父さんたちの中には「褒める育児」が正しいと信じている人が少なくありませんから、ついつい子どもを褒め過ぎてしまう傾向があります。しかし「ダメなものはダメ」と教える「ムチ」も必要不可欠なのです。

「アメ」といっても、ご褒美をあげるとか、ただ甘やかすという意味ではありません。なるべくそばについていて、見てあげる、聞いてあげる、触ってあげる、話してあげる、褒めてあげることが「アメ」の基本です。

「ムチ」は体罰という意味では決してありません。子どもが間違ったことをしたときに厳しく「いけないことだ」と叱ること。甘やかしすぎないこと、自分のことは自分でさせることなども「ムチ」です。

「折れない子」の土台をつくる誕生から3年の間は、人生の中でもっとも「アメ」が必要な時期です。対して、小学校低学年は「ムチ」がメインになります。

年齢別に「アメ」と「ムチ」のバランスをまとめると次のようなイメージです。

- 0～1歳　アメ期…アメのみを与える
- 1～3歳　アメ中心期…ほとんどがアメだが、柔らかいムチも必要な時期
- 3～6歳　アメ時々ムチ期…アメ中心だが、時にはっきりしたムチも必要な時期
- 6～10歳　ムチ期…ムチがもっとも有効になる時期
- 10～15歳　再びアメ期…ムチが意味をなしにくい時期

もちろんこれは、あくまでわかりやすく極論的に表現したものですが、この考え方をベースにして、それぞれの段階に合った育児を実践していけば、「折れない子」を育てることはそれほど難しいことではありません。

「アメ」ばかりで育てられた「ママっ子男子」は自立ができない

もし、「アメ」ばかりを与えて子育てをしたらどのような子どもが育つでしょうか。

もっともわかりやすい例が、「仲良しすぎる親子」だと私は考えています。最近、報道でも「友達親子」「ママっ子男子」などというワードが話題にのぼるほど、親子の仲の良さを母も子も自覚しているケースです。

母親と息子が仲良く買い物や食事に行く、母親と娘がペアルックのような服装をする、恋人よりも母親のほうが好きだという男子もいると聞きます。

こうした親子は、子どもが小さいときからお母さんは子どもを大切に、大切に育て、叱るよりも褒めること、つまり「アメ」に重点を置いてきたはずです。

「褒めて育てる」ことがよいことだと信じ、大変なことはすべて先回りしてやってあげ、トラブルはすべて解決してあげる。掃除や洗濯といった身の回りのことから、外出先や学校への送迎まで、面倒なことは親が手助けしてくれるので、子どもは親と一緒にいることで「楽」ができると感じる。居心地がよいため、反抗しなくてもよいのです。友達親子ができあがった経緯には、ほとんどの場合、「ムチ」を与えない過保護、過干渉が存在していると私は考えています。

子どもはいずれ親の元から飛び立たなければなりません。親を乗り越え、一社会人として生活しなければならないというのに、いつまでも親と一緒にいることを望む子どもたち。これは健全な自立とはいえません。友達親子の子どもたちは、「親を乗り越える」ことを望まず、ほどほどで、当たり障りなく、問題の少ない人生を選択しようとします。そして困難にぶちあたった時、彼らは間違いなく親を頼るのです。

会社で子どもが叱られた時に親が怒鳴り込んでくる、借金の肩代わりを親がする、恋人に別れを告げるのも親。親が突然亡くなったとしたら、どうやって生きていけばいいのでしょうか。小さなトラブルにも凹み、困難を乗り越える強さを持っていなければ、精神疾患に陥ってしまうこともあるのです。

小さい時は「親が大好き」であっても、思春期の頃は「親は面倒、うざい」と感じ、それを通り過ぎたら「親を尊敬し、慈しむ」という感情が自然に持てること。それが健全に成長した大人の姿であり、親から独立しても十分にやっていくことのできる自立した人間なのです。親はある時期がきたら、必ず子離れしてあげなければいけないのです。

「アメ」ばかりではなく、必要な時期に必要な「ムチ」を与えることによって、子どもは「自立力」や「忍耐力」を養い、「折れない子」に育っていくのです。

「ムチ」ばかりでは「自己肯定力」や「コミュニケーション力」が育たない

逆に間違った「ムチ」ばかりを与えて子育てをしたら、それは虐待になってしまいます。身体的暴力を与えなかったとしても、怒鳴りつけたり、人格を否定するような発言をし続ければ、「自己肯定力」は低下してしまいます。

また、子どもが発する要求を無視し続けることも、ネグレクトと呼ばれる精神的虐待にあたります。「自己肯定力」が育たないだけでなく、「コミュニケーション力」を高めることもできません。

つまり、「アメ」だけでも、「ムチ」だけでも、「折れない子」を育てることはできないのです。両方をバランスよく、しかも年齢や成長段階に合わせた方法で与えなければなりません。

よその子と比べて「アメ」や「ムチ」を与えてはいけない

「アメ」と「ムチ」の与え方には、もうひとつ気をつけるべき点があります。それは、よその子と比較した結果に「アメ」や「ムチ」を使ってはいけないということです。

「折れない子」を育てるためには、他の子よりできたとか、できないという点を評価するのではなく、昨日より今日、今日より明日の成長を評価する育児が必要だからです。

友達よりもよい点数をとったから「褒める」、友だちより悪い点数だったから「叱る」。というやり方を続けていると、子どもは「人からどう見られるか」ばかりを気にするようになってしまいます。

もちろん、受験や就職活動など、いずれは競争社会の中で生きていかなければならないのですが、5つの力を育む段階では、他者との競争より、その子自身が日々少しずつ成長していることを、お母さん、お父さんが認めてあげることが大切なのです。

子どもの成長スピードにはそれぞれ個性があります。寝返りやハイハイ、歩きはじめるタイミングはもちろん、おむつが取れる時期も、言葉を話しはじめる月齢も違います。し

かしお母さん、お父さんたちは、よその子と比べ、「できるようになる時期」にばかりこだわって、

「○○ちゃんは、もう、二語文を話すのに、うちの子は『ママ』も言わないのはどうして？」

「マニュアル通りにやっているのにトイレで排泄できないのはなぜ？」

と、悲観的になってしまい、時には「できないこと」に対して感情的に叱ってしまうことすらあるのです。これでは子どもに自信をつけさせることはできません。

よその子と比べて

「○○ちゃんに勝ってよかったね」

「○○君ができているのに、なぜできないの？」

という言い方をするよりも、

「1週間前よりできるようになって、すごいね」

「今日できなくても、きっとできるようになるよ」

というような、その子自身の成長を認める語りかけをすることが自信をつけ、前向きで

強い心を育てていくのです。

しなやかで強い心を持った子に育てよう

考えもなしに「アメ」と「ムチ」を適当に使っても、「折れない子」に必要な5つの力を育てることはできません。発達年齢に応じて子どもの扱いを変えること、そして人と比較しないことを守った上で、「アメ」と「ムチ」を有効的に与えることが「折れない子」を育てる育児の基本になるのです。

5つの力が総合的に育った子は、壁があったら引き下がるのではなく、「この先に何があるのか」と想像する探究心を持っています。さらに、その壁を乗り越えるチャレンジ精神、何にでも興味を示す好奇心、失敗しても再チャレンジできるハート。そうしたしなやかで強い心を持つことができます。

［第3章］

【折れない子を育てるステージ①：0～1歳】

生きていく力となる「自己肯定力」の土台をつくる

育児は赤ちゃんとの信頼関係を築くことからはじまる

0～1歳までというのは、赤ちゃんとお母さんがベタベタする必要のある時期です。ですから、しつけというよりは、たくさんふれあうことで、お母さんの優しい声、体温、匂いなどを赤ちゃんが「安心」「安全」なものとして認識し、「この人のそばにいれば、優しくしてもらえる。守ってもらえる」と気づいてもらうことが育児の中心になります。

泣けば抱っこしてもらえる、お腹が空けば母乳やミルクがもらえる、眠くなれば眠る環境を与えてくれるというように、赤ちゃんが送る信号をお母さんがキャッチして行動にうつしてあげることで、赤ちゃんはお母さんを信頼するようになるのです。

この信頼関係が親子の絆のはじまりです。1歳までにたくさん触ってもらい、話しかけてもらい、かまってもらった子は、愛されているという満足感を得ることができます。もしこの時期に、親子の信頼関係が築けないと、年齢が上がっていった時に親子関係がギクシャクし、「愛着障害」と呼ばれる問題が起きてしまうことがあるのです。

愛着障害には大きく分けて、次の3つのタイプがあります。

◆「反応性愛着障害」

親との絆だけでなく、他の人との信頼関係も築けなくなるタイプです。周囲に対して警戒心が強くなり、人に怯えることもあります。コミュニケーションをとることを避けるため、同じ年齢の子どもとも上手に遊ぶことができなくなってしまいます。

◆「脱抑制性愛着障害」

親とベタベタできなかったために、他人に対して愛情を強く求めるようになるタイプです。幼稚園や学校の先生など周囲の大人に対して、極端にベタベタと甘えてくるようになります。少し優しくしてもらえると、次から次へと欲求を強め、それが満たされないと極度に落ち込んでしまいます。仲間をつくることも上手くありません。

◆「解離性障害」

いわゆる多重人格者です。自分の言動が記憶されなくなり、意識が飛んだ状態になってしまいます。虐待を受けた子が陥ることがあります。

暴力やネグレクトなどの虐待があった場合はもちろんですが、赤ちゃんとお母さんのベタベタが不足し、信頼関係が構築できていなければ愛着障害が起きる可能性は十分にあります。

また、あまり泣かず、手のかからない赤ちゃんだと、忙しいお母さんはつい放っておいてしまう時間が長くなり、スキンシップが不足してしまうことがあります。

以前、他の医療機関で「自閉症」と誤診された赤ちゃんを診たことがありますが、その子は自営業の家庭に生まれ、赤ちゃん時代は日中、ほぼ1人にされていました。時間が来れば母乳は与えられますが、それ以外のスキンシップはほとんどされていなかったのです。

赤ちゃんが泣いて要求をしても、誰もその声に反応してくれません。笑っても、手足をバタバタさせても、話しかけてくれる人も、笑顔をみせてくれる人もいなければ、赤ちゃんは訴えることをやめてしまいます。その結果、反応の薄い子になってしまい自閉症と診断されてしまったのです。これも十分、虐待に値すると思います。どんなに親が忙しくても、1歳までは絶対に人の愛情をたっぷり浴びせてあげなければいけません。この時期に親子の絆を築くことが、自己肯定力のベースになるのです。

特に手のかからない子ほど、「欲求」や「好奇心」、「チャレンジする心」などを育てるために、意識して触り、話しかけ、見つめてあげることが大切です。そして音、匂い、感触など、たくさんの刺激を与えてあげてください。

シナプスをたくさんつくることが「折れない子」を育てる基本

人間と同じ哺乳類であっても、犬や猫は生まれてすぐに歩き出します。1ヶ月もすれば運動神経はかなり発達し、2ヶ月経てば脳の機能はほぼ完成です。

対して人間は、もっとも未熟な状態で生まれてくる動物だといわれており、目が見えはじめるのが生後1ヶ月、歩き出すのは12~18ヶ月、親の手助けがなく1人で食事ができるのは2~3歳くらいと、成長はとてもゆっくりです。

しかし成長がゆっくりだから、育児もゆっくり構えていればよいというわけにはいきません。特に3歳までは、やり直しのきかないとても重要な時期です。「三つ子の魂百まで」

は決して大げさではなく、3歳までに受けた刺激、経験したことが、その子の性格や考え方の土台となるのです。

この世に生まれた時、赤ちゃんはすでに140億個もの神経細胞を持っています。細胞の数は、年齢が上がってもほとんど変わることはありません。ではどうやって脳が発達するかというと、それぞれの神経細胞が枝をたくさん伸ばし、他の神経細胞と繋がることで、脳の機能は成長していくのです。神経が繋がる部分を「シナプス」と呼びますが、シナプスはよい刺激を受けることで増え、多ければひとつの神経細胞から3万ものシナプスができるといわれています。刺激というのは、五感から入る情報だけでなく、生活リズム、よい睡眠、食事の質や量など、生活の体験すべてから得るものです。

シナプスが劇的に増えるのは誕生後から2歳頃まで。しかし一度できたシナプスも、その後によい刺激を受けなければ消えていってしまいます。だからこそ2～3歳頃までは、常にさまざまな刺激を与えてあげるようにしなければならないのです。

生後半年までに「感情」の基本がつくられる

脳は3歳までに大きな発達を遂げ、基本的な性格も3歳までには完成されます。性格の多くの要素は「感情」です。トラブルに見舞われた時、冷静に対処できる人と激怒する人がいます。同じ映画を見ても感動して涙が止まらなくなる人と、それほど感情移入できない人もいます。いったいなぜなのでしょうか。

生後半年くらいまでに得られる感情の基本は「喜び」「興味」「苦痛」です。

空腹、眠気、痛み、暑さ、寒さといった生理的な不快を感じると赤ちゃんは泣き出します。これは「悲しみ」「嫌悪」といった感情が表出してきた証拠です。生理的に満たされていれば、「満足」「喜び」という感情が生まれ、すやすやと眠っていられるわけです。何かが手に触れたり、目に入ると、それを触ろうとしたり、口に持っていき確認しようとする、これが「興味」のはじまりです。

この半年の間に「喜び」をたくさん経験すると、感情の中で「喜び」や「満足」といった部分が大きく成長し、小さなことにも喜びや楽しみを見つけることのできる性格へと育ちます。逆に「苦痛」が多ければ、負の感情ばかりが育ってしまいます。また、赤ちゃんの興味を刺激するようなもの、音、匂いを与えてあげなければ、興味関心の薄い子になってしまいます。

半年までに獲得した感情の基本があった上で、それ以降の刺激が加わり性格が形成されていきます。ですから、生後半年までに赤ちゃんには、できる限り「喜び」と「興味」の感情が生まれるように育てる必要があるのです。

シナプスを増やし、感情を育てる家庭環境とは

0～1歳まではシナプスを量産し、多様な感情が育つ時期です。そのため赤ちゃんはよい刺激をたくさん受けることが大切だということになります。1歳までは、家の中で過ごすことが圧倒的に多いはずですから、家の中の環境を赤ちゃんにとって心地よいものにすることがとても大切になるのです。たとえば次のようなことです。

- **生活音**……シーンと静まり返った家の中では、赤ちゃんに「ワクワク」感を与えてあげ

[図表3] 感情の発達

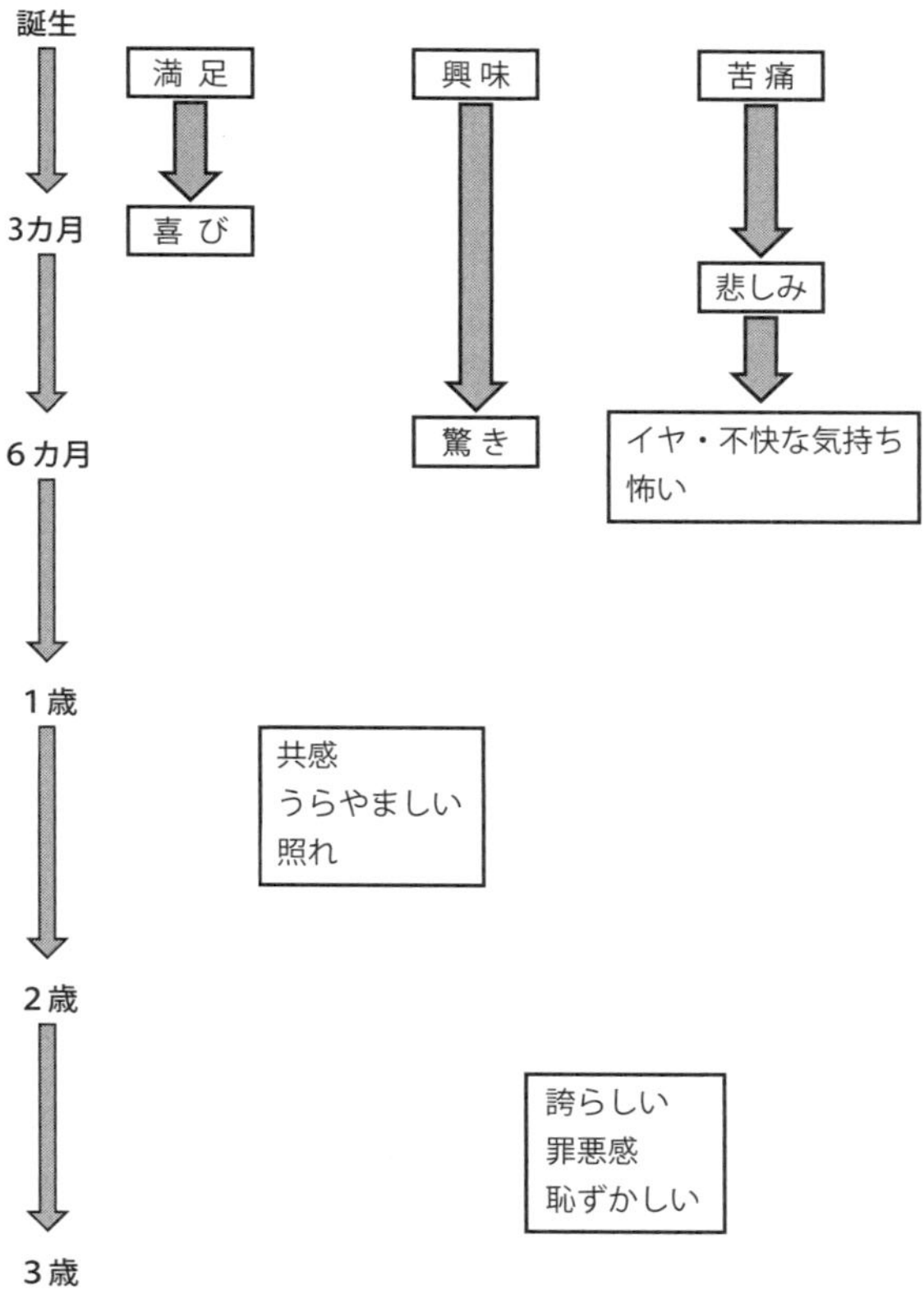

「うれしい」「悲しい」「悪いことをしてしまった」というさまざまな気持ちは発達する段階で獲得していきます

られません。眠っているのを起こさないように、足音さえも立てないようにするのは間違いです。生後半年くらいまでは、日中もうつらうつらしていますから、音で目が覚めても問題ないのです。わざわざ大きな音を立てる必要はありませんが、家族の話し声、調理の音、掃除機の音などの生活音は、聞かせるほうがいいのです。「この音は安心できる音」だと理解したり、お友だちが来て聞き慣れていない声を聞いた時に、「何だろう?」と好奇心を持つことも「興味」の感情を育てる大切な刺激になります。

●音楽……赤ちゃんの脳にとって、よいBGMは、心がゆったりするようなものであり、大人が聞いてもリラックスできるものです。ロックのような激しいものは刺激が強すぎるでしょう。一番のおすすめは、お母さんの生歌です。家事をしながらお母さんが歌う鼻歌や、子守唄などは赤ちゃんにとって最高のBGMです。

●温度と湿度……部屋の温度は夏場で27℃くらい、冬場で22℃くらいを目安にしましょう。1日に数回、窓を開けて外気が通るようにします。外から入ってくる風のそよぎ、匂いは赤ちゃんにとって刺激になります。また、朝日を浴びることは、体内時計を構築する大切な習慣です。赤ちゃんのときは睡眠をコントロールする「メラトニン」というホルモンの分泌がほとんどありません。ですから毎朝、決まった時間に朝日を浴びるなどの決まった刺激を与えることで、少しずつ24時間という時間の流れを赤ちゃんの中に植えつけていきましょう。

- おもちゃ……見守っていることが条件ではありますが、いろいろなものを赤ちゃんに触らせてあげてください。赤ちゃん用につくられたおもちゃでなくても構いません。木、金属、絹、麻、綿、プラスチックなど、さまざまな素材、形、色のものを触らせてあげましょう。掴めれば、口に持っていき感触や匂い、味を確認するはずです。ですからなめても問題のないものを与えます。ズリバイやハイハイができるようになれば、自分から興味のあるものに近づいていきますから、部屋の中をきれいに片付けすぎていて、赤ちゃんが「触りたい」と思うものがないのはとても寂しいことです。危険のない範囲で、赤ちゃんの手の届く場所に触ってもいいものを出しておいてあげるとよいでしょう。赤ちゃんがどうしたらそれを手に入れられるかを考え、自分のからだを駆使することは、将来「頑張る子」に育つ素地になるのです。

ただし、「シナプスが多い＝天才児」ではないことは承知しておいてください。たくさんのよいシナプスを持った子は、「自己肯定力」「想像力」「忍耐力」「コミュニケーション力」「自立力」に秀でるのです。単純に勉強のできる子ではなく、自ら考え、困ったことがあっても工夫して解決できる、そして人生を楽しむ力を持った子をイメージしてもらえるといいでしょう。

赤ちゃんは「人の笑っている目」で安心感を得る

新生児の視力は０・０２くらいで、１歳になってようやくはっきり見えるようになります。しかし、ぼんやりした視界の中でも、赤ちゃんは一生懸命いろいろなものを識別しています。

心理学者R．L．ファンツは赤ちゃんがどのような色や形を好んで見つめるか、６種類のイラストを見せる実験を行いました。その結果、生後２ヶ月、６ヶ月のいずれの月齢でも、赤ちゃんがもっとも興味を示したのは、人間の顔を正面から描いたイラストだったそうです。

また、同じく心理学者のスピッツは、生後3ヶ月の赤ちゃんが人の顔のどの部分に興味を示すのかを調査しました。すると、おでこ、目、鼻が描かれていれば、赤ちゃんはそれを人の顔だと判断しニッコリ微笑むことがわかったのです。ところが目の描かれていないお面や、目を片方隠してしまうと微笑みません。つまり正面から2つの目に見つめられることが、赤ちゃんにとって喜びということになります。

ですから視力の弱い1歳までの赤ちゃんには、真正面から顔を近づけて笑ってあげることで「安心感」を与えることができるのです。赤ちゃんは人の目に注目しているわけですから、口元だけでなく目が笑っていなければ「笑っていること」は伝わりません。大げさなくらい優しさや愛情を目で表現してあげましょう。

「泣く子は育つ」を信じて泣かせてあげよう

生後7ヶ月くらいになると、見慣れた人以外に会うと泣き出す子が出てきます。これは、知らない人に警戒心を持ったことを意味し、正常な発達のひとつです。3ヶ月くらいまでの赤ちゃんは、誰の顔であっても、目を正面から認識すると微笑むのですが、これが8ヶ月くらいになると急に、お母さん以外の人の顔に対して泣き出す「人見知り」がはじまります。人の顔の区別がつくようになった証ですし、危険を察知する能力を手に入れたわけですから喜ばしいことでもあるのです。

ただし、これから社会生活を送るにあたって、少しずつ知らない人にも慣れていく必要があります。人見知りするからと怖がらず、「泣くと思います」と宣言した上で、親戚や知人に会わせて、たくさん話しかけてもらうようにしましょう。

赤ちゃんの脳にもっとも響くのは、お母さんの声

生後9ヶ月頃になると、自分と他者が別ものだということを理解するようになります。お母さんの真似をしたり、お母さんが見ているものを目で追うような行動が増えてくるのもこの頃です。手を叩いて見せると、同じように手を叩く、「いないいないばぁ」や「ちょうだい」などの仕草を覚える子も出てきます。

赤ちゃんはさまざまなことを模倣することで覚えていきます。ですから周囲の大人たちがたくさん、いろいろな働きかけをしてあげることが赤ちゃんに能力を発揮させるために

は必要なのですが、この時に注意するべきことは声の高さです。

女性が赤ちゃんに語りかける時、たいていは「高く・抑揚があり・ゆっくり」した話し方になります。この独特の話し方を「マザリーズ」と呼ぶのですが、理化学研究所の研究によれば、マザリーズを使っている時の母親の脳の中では「言葉の意味を伝えたい」という強い思いが生まれているのだそうです。そして、話しかけられた乳児の側は、言葉を話すために使う脳の部位が活動するという結果が出ました。

つまりお父さんの太く低い声よりも、お母さんの高い声のほうが赤ちゃんの脳の発育に関わる部分が大きいということです。ただし、産後うつを発症しているお母さんはマザリーズで話すことができず、平坦な口調になることが多いことも、先の研究では発表されています。もし、抑揚をつけた話し方ができなくなっていたら、お母さんの心のケアが必要かもしれません。

0～1歳までに、母国語を聞きとる「耳」ができる

アメリカの神経学者パトリシア・クールは赤ちゃんが言語を聞きとる能力を実験によっ

て調べました。その結果、1歳までにたくさん耳にした言語は、その後になっても聞き取ることができるようになりますが、1歳までに聞いていなかった言語は、その後に聞いても言語として単語や文を聞き取ることが難しかったといいます。このことから、英語教育は1歳までにはじめるべきだという説が語られることがあるのです。

しかし、ここで注意すべきは、赤ちゃんはスピーカーから流れる音では言語を認識しにくいということです。クールの行った実験では、生後9ヶ月の赤ちゃんを3つのグループに分け、母国語とは違う中国語に触れさせるというものでした。中国語を話す保育士が遊んであげるグループ、ビデオでその様子を見せるグループ、音声だけを聞かせるグループ、それぞれ十数回の実験を行ったところ、保育士と直接コミュニケーションをとったグループだけが、中国語の発音を聞き分けられるようになったというのです。

つまり、赤ちゃんが言語を習得するためには、スピーカーから流れてくる音声ではなく、生の声、それも対面でのコミュニケーションが必要だということです。実際に赤ちゃんが言葉を発するようになるのはまだ先ですが、1歳までに赤ちゃんはコミュニケーションを通してたくさんの言語を脳に溜め込んでいます。家族の生の声で、たくさん話しかけてあげることが、語彙を増やし、言葉によるコミュニケーションを発達させるためには重要なことなのです。

夜しっかり眠ることが、赤ちゃんの脳を成長させる

生後1ヶ月までの赤ちゃんは、授乳時間以外はほとんど眠っています。生後1～3ヶ月になると15～17時間、生後4～6ヶ月では13～14時間が一日の平均睡眠時間。生活のパターンができはじめ、夜、長時間眠るようになるのは4ヶ月くらいからです。

この時期に睡眠と覚醒にリズムをつけることは、これから先の脳の成長に大きく関わりがあるといわれています。ですから夜になっても眠れずグズグズ泣き続ける、あるいは夜中に何度も目を覚ます赤ちゃんに対しては、質のよい睡眠が取れるようにサポートしてあげる必要があります。

まず、日中は活動、夜は休息というサイクルを赤ちゃんに覚えさせること。首が座り、外へも連れ出せるようになる時期ですから、散歩に行くなどして日中は日光を浴びるようにします。外気刺激は赤ちゃんにも心地よい疲れを与えてくれます。そして、夜はどんな

に遅くても21時になったら家中の照明を暗くし、静かにします。仕事で帰宅の遅い両親であったとしても、この時期は赤ちゃんの睡眠サイクルが整うように協力してください。

寝かしつけた後に家事をしよう、仕事をしようなどと思えば、そのソワソワ感が赤ちゃんに伝わってしまいます。家族全員が21時には布団に入るのです。用事は早朝に済ませればいいことです。

夜泣きそのものは、抱っこや母乳でおさまるなら、あまり心配することではありません。しかし、毎日1～2時間ごとに目を覚まし、泣いて眠らなくなってしまう状態が続くのは「睡眠の断片化」とも呼ばれ、問題があります。アレルギー性の喘息、皮膚炎などがあると、睡眠の質が悪くなることがあります。また、脳の興奮が過剰になっている可能性もあります。家族全員が昼夜のメリハリをつけても、6ヶ月をすぎた赤ちゃんが夜中に何度も目をさます場合は、小児科医に相談をしてみることをおすすめします。

【０歳から１歳までの特徴と育て方】

たくさんの刺激を与えてあげる時期

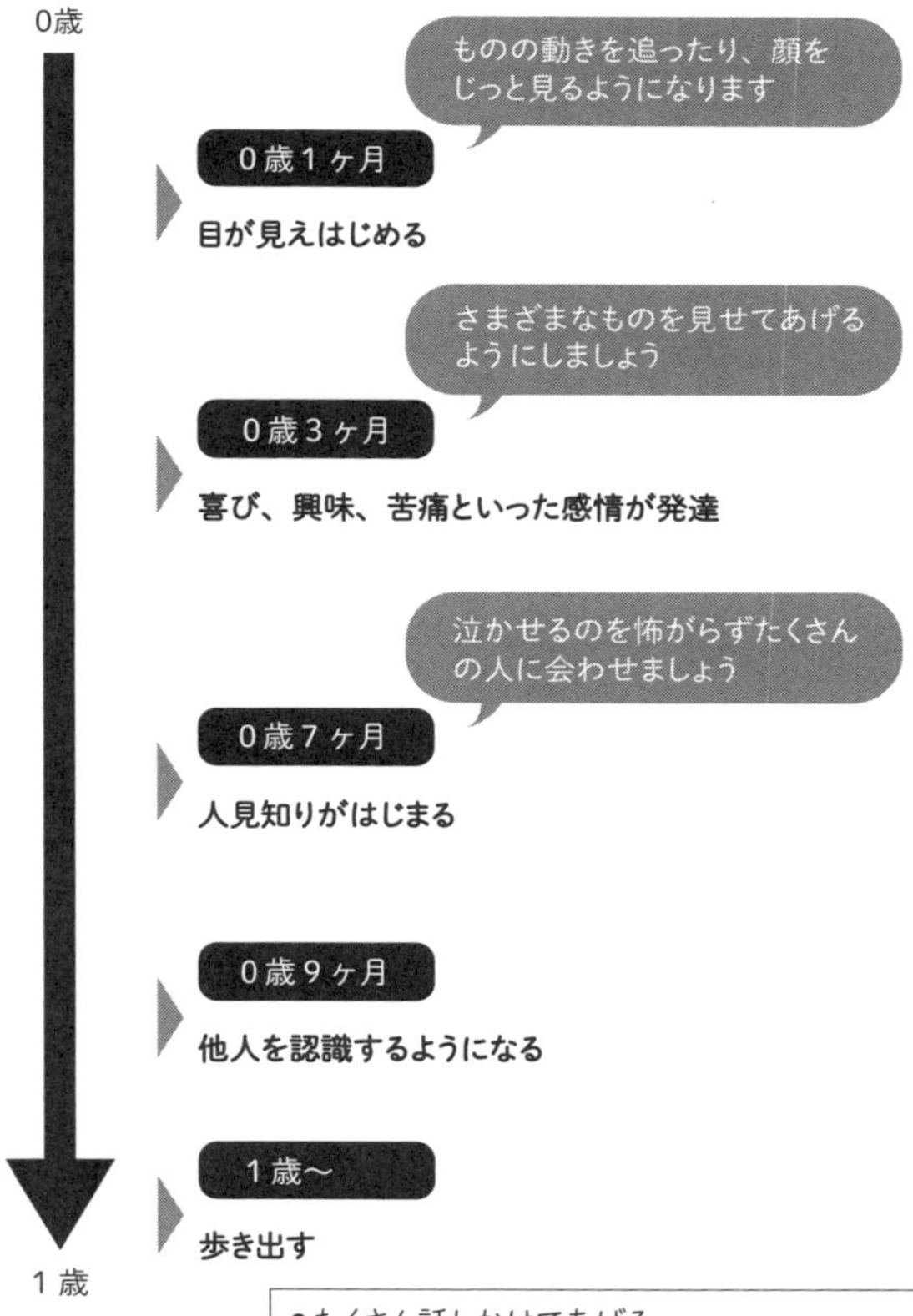
0歳
ものの動きを追ったり、顔をじっと見るようになります
0歳1ヶ月
目が見えはじめる
さまざまなものを見せてあげるようにしましょう
0歳3ヶ月
喜び、興味、苦痛といった感情が発達
泣かせるのを怖がらずたくさんの人に会わせましょう
0歳7ヶ月
人見知りがはじまる
0歳9ヶ月
他人を認識するようになる
1歳〜
歩き出す
1歳

- たくさん話しかけてあげる
- 21時までには家族みんなで就寝のクセをつける
- どんどん抱っこしてあげる

【0～1歳のアメとムチ】

乳児の子育ては、アメがいっぱいで当然です。愛情というアメをたくさん与えてあげましょう。赤ちゃんが求めてきたら、必ず応えてあげる。その繰り返しが親子の絆の基本であり、これから先、他者と信頼関係を築く際のベースになるのです。

この時期の赤ちゃんには、「叱る」というムチは不要です。家族の強い口調や、怖い顔の表情は、赤ちゃんにとって百害あって一利なしです。どうせ言葉がわからないから……などと思ってはいけません。生後3ヶ月くらいでも、お母さんの言っている言葉の意味が赤ちゃんには伝わっていますし、表情を読み取ることもできるのです。

だからといって、赤ちゃんを泣かさないように先回りした行動はいけません。ある程度、泣かせる環境をつくることが0～1歳の「ムチ」です。

アメ

抱き癖がつくくらい抱いてあげよう

赤ちゃんにとって大好きなお母さんに抱かれることは、とても気持ちがよく嬉しいことです。好きな匂い、好きな感触、好きな声に包まれるのですから当然のことです。お母さんにたくさん抱っこされた子は、お母さんのことがどんどん好きになります。そして、好きになったお母さんに抱っこしてもらうために、一生懸命泣いて意思表示するようになるでしょう。

昔の育児書ではこの状況を「抱き癖」と呼び、「よくないこと」として紹介していました。しかし、今ではそんなことを言う小児科医はほとんどいません。乳児期にお母さんを大好きになり、大好きなお母さんを信頼できたことで、自己肯定感が育ち、早く自立できる子になるのです。

「抱っこして！」と主張を続ける赤ちゃんは、お母さんにとって時には面倒に思えることもあると思いますが、手のかかった子ほど、よい子になるとも言います。少し泣かせた後で構いませんから、一日に何度も抱っこしてあげてください。この「少し泣かせた後で」がミソなのですが、この部分は赤ちゃんにとって「ムチ」に当たりますから、そちらの項目で説明しようと思います。

アメ

添い寝が子どもの心を育てる！

欧米では赤ちゃん時代から子ども部屋を別にして、1人で寝かせることを推奨しているようですが、私は小学校に上がるまではお母さん、お父さんと同じ部屋に寝てもよいと考えています。特に、1歳まではお母さんと同じ布団で添い寝をしてあげて欲しいのです。

哺乳動物はみな、お母さんが赤ちゃんを抱きかかえて寝かせます。人間だけが親と離れて眠るほうがナンセンスです。夜中に目を覚ましたとき、真っ暗な中で一人ぼっちであったら、赤ちゃんは不安で仕方ないでしょう。目が覚めても、すぐ近くにお母さんの匂いや息使いを感じられれば安心します。もし泣き出したら、そっと手を握ってあげる、足をさすってあげるなど、からだに触れてあげましょう。こうした小さなスキンシップの積み重ねが、子どもの心を安定させます。キレやすい子というのは、小さい頃にこうしたスキンシップが不足していたのではないかと私は考えています。

アメ

「汚す子」は、意欲と好奇心がぐんぐん伸びる子!

離乳食がはじまると、お母さんの一日は目まぐるしく、とても忙しくなります。一生懸命つくった離乳食を食べてくれなければ怒りたくもなりますし、お皿をひっくり返されたら泣きたくもなります。

しかし、離乳食タイムは赤ちゃんの好奇心を育てる絶好のチャンスです。器は2種類用意し、ひとつは実際に食べさせる分、もうひとつは赤ちゃんが自分で食べる分として考えましょう。器の中に手を入れたり、器をひっくり返しても決して叱ってはいけません。「自分で食べられるのかな?」とニコニコと語りかけてあげてください。テーブルの下にはビニールシートや新聞紙を敷いて、後片付けしやすいようにしておきましょう。

食事のマナーが身につかないと心配する必要はありません。1歳まではこれでいいのです。食べものの触感、それを実際に口の中に入れた舌触りや匂い、味。次から次へとスプーンで食べさせられるだけでは感じられない、食べものの感触をたくさん味わうことができるのです。

家の中をキレイに整えているお母さんにとって汚されることは苦痛かもしれませんが、これも「折れない子」にするためのステップだと理解してください。

ムチ

泣いたらすぐに抱っこはNG！

抱き癖がつくほど抱っこしてあげることが大事だと、アメの項目で解説しましたが、「泣いたらすぐ抱っこ」してあげるのはNGです。赤ちゃんは泣けば要求に応えてくれることを学習していますから、「泣く」ことは赤ちゃんの意思表示でもあります。ところが、最近は「泣く」ことが悪いことだと勘違いしているお母さん、お父さんが多いようです。

意思表示ができる赤ちゃんは「生きる力」を持っています。しかし泣いた途端に抱き上げてしまえば、赤ちゃんが「抱っこして欲しい」と意欲を見せる場面がなくなってしまうのです。

「泣く子は育つ」です。泣き出してもすぐには抱き上げず、数分様子をみて、それでも泣き止まなければ「どうしたの？」と笑顔で声をかけてあげてから、抱き上げてあげましょう。そして「おむつが汚れたかな？」「寂しかったのかな？」など、その後も言葉をたくさんかけてあげてから、おむつを交換したり、ミルクをあげたりしましょう。

「近所迷惑だから」とか、「泣かせるのは虐待」などと思う必要はありません。赤ちゃんの泣き声に対して社会が少し厳しくなりすぎているのも問題ではあるのですが、誰もが通ってきた道です。近所の方に会ったら、笑顔で「泣き声がうるさくてすみません」と声をかけておけば、一般的な方は許してくれるはずです。

ムチ

母乳やミルクは時間通りにあげてはいけない!

ここ数年、食べることに興味のない子が増えてきています。これはお母さんたちが頑張りすぎていることに起因していると私は考えています。

たとえば育児書を見ると、「乳児期は、母乳はしょっちゅう与える。ミルクは数時間おきに何cc」というような決まり事が書かれています。お母さんたちはこれに忠実に従います。食欲旺盛な子はそれでかまわないのですが、食の細い子にとっては、まだお腹が空いていないのに無理矢理飲まされることは、苦痛でしかありません。「無理矢理」という押しつけによって、その子にとって母乳やミルクを飲むことが幸せなことでなくなってしまう可能性があります。ですから、基本的にはお腹が空いて泣くまでは飲ませないようにしたいのです。

先回りして準備しすぎるのは、「折れやすい子」をつくる典型的なお母さんの特徴です。「お腹が空いた！」と赤ちゃんが主張して泣き出すまでは、放っておくくらいの度量を持ったほうが、食べることに興味を持つ子どもに成長します。もちろん、空腹でも一向に泣かないときは、体調が悪い可能性もありますから、小児科に連れて行くようにしてください。

ムチ

布おむつの気持ち悪さが、主張のできる子を育てる！

布おむつはおしりが蒸れて肌に良くないとか、洗濯の手間がかかって大変だからと、今は圧倒的に紙おむつを使うことが多くなっています。王子製紙が２００７年に発表したデータでは、約９割の親が紙おむつ派だと報告されているほどです。

しかし「折れない子」を育てるのであれば布おむつに軍配が上がります。布おむつを使っている赤ちゃんは、排尿や排便をすると「冷たい」とか「気持ちが悪い」と感じて泣き出します。「気持ちよくして欲しい」という訴えです。ところが紙おむつの子は、いつまでもお尻がサラサラしていて不快に感じません。

「そんな些細な事」と思うかもしれませんが、赤ちゃんにとって「主張する」ことと、その主張を「叶えてもらうこと」は、自分の意見を言える子になるための大切なステップなのです。

また、おむつ交換の回数が増えることは、コミュニケーションの時間が増えることにもなります。どうしても布おむつが大変だと感じるのであれば、夜間と外出時は紙おむつにするなど、併用を考えてみるのもいいでしょう。

ムチ

厚着は絶対にさせない！

「赤ちゃんは暑がり」だということを、たいていのお母さんはご存じのはずです。それにもかかわらず、定期検診の様子などを見ていると、レギンスやタイツ、靴下をはかされ、何枚も重ね着させられている赤ちゃんをたくさん目にします。冬場であっても、部屋の中であれば肌着プラス1枚で十分、靴下も不要です。

平熱が37度前後で、新陳代謝の活発な赤ちゃんは汗っかきですから、厚着をさせると汗がこもり蒸れるために、皮膚に湿疹やあせもができてしまうことがあります。また、体温調整をする脳の働きが未完成なため、体温が上がりすぎることで呼吸や血圧のコントロールができなくなり、突然死を起こす可能性があるともいわれています。

厚着は赤ちゃんがからだを動かすのに邪魔になります。たくさん動いて、さまざまな神経を刺激するためにも薄着が望ましいのです。

［第4章］

【折れない子を育てるステージ②：1〜3歳】

新たな環境にも適応できる「想像力」を育む

お母さんにべったりの時期は卒業

1歳をすぎると、多くの子どもは歩きはじめ、行動範囲が広がっていきます。欲しいものがあればそちらに向かい、好きな人がいれば近づこうとするでしょう。今までの室内中心の生活から、外で過ごす時間も増えるはずです。お母さんにべったりの時期は卒業し、お父さん、兄弟姉妹、おじいちゃん、おばあちゃんとも楽しい時間をすごせるようになります。

この時期は、生活のリズムをつくることと、体力をつけることを中心に育児を行います。「やらせる」よりも「やりたがる」気持ちを重視し、想像力や意欲をかきたてるような生活を送ることを目指しましょう。

早寝を習慣にするためのルーティンをつくる

1歳になると睡眠を夜の時間帯にまとめてとることができるようになり、1日24時間のサイクルに順応してきます。夜の睡眠が10時間程度、それに1日1回、もしくは2回の昼寝1～2時間を合わせて、トータル11～12時間くらいの睡眠をとるのが平均です。

しかし、いくら平均的な睡眠時間が確保できているからといって、夜型の生活スタイルを定着させてはいけません。夜は8時までには布団に入る習慣をつけましょう。なかなか眠ってくれないことにお母さんがイライラすると、余計に子どもは興奮して寝つけなくなります。とにかくルーティンを続けることです。

夕食、風呂、歯磨きといったことは、毎日同じ時間に行うようにします。たまに例外があるのはもちろん構いませんが、できる限りリズムを崩さないことです。寝る前にテレビやゲーム、スマホなどの画面を子どもに見せることは絶対に禁止です。画面から発せられるブルーライトは交感神経を刺激し、脳を興奮させてしまいます。一旦、眠ることができても、夜中に目を覚ましたり、深い眠りに入れなかったりという睡眠障害を起こしかねません。

布団に入ったら、絵本の読み聞かせをするか、穏やかな子守唄を歌ってあげると無理なく睡眠タイムに導入できるでしょう。

想像力と解決力を育てるには「よい睡眠」が絶対条件

それにしても、なぜ、睡眠がそれほど大切なのでしょうか。

子どもの脳では、神経が次々に繋がり、たくさんの神経回路を構築しているとお話ししたが、24時間ずっと神経のネットワークづくりをしているわけではありません。神経の活動にはたくさんのエネルギーが必要なのですが、そのエネルギー補充をするためには眠らなければならないのです。覚醒している限り、神経は休むことができませんから、ぐっすり眠ることがとても大切なのです。また、神経と神経を繋ぐシナプスを2歳までにたくさんつくることが重要だという話も3章でしましたが、質のよい睡眠をとらないと、せっかくできたシナプスを保持できなくなってしまうともいわれているのです。

つまり、神経回路をたくさん繋ぎ、想像力や解決力といった「考える力」を育てるのであれば、たっぷりと睡眠をとらせることが何よりも大切だということになります。

早寝早起きは3歳までに定着させておく

睡眠時間をたっぷりとれるのであれば、夜遅く寝て朝ゆっくり起きる生活でもいいのではないかと考えるかもしれませんが、それは違います。

保育園に行っていない子どもであれば、幼稚園入園までは家で過ごしていますから、多少、遅起きでも問題はないでしょう。しかし、いざ幼稚園に行く時期になって、それまでに身についた遅起きの習慣を突然変更するのはとても難しいことです。

朝、早く起きるのはもちろんですが、夜、早く寝る習慣は3歳までに身につけておかなければ、「明日から幼稚園だから8時に寝ましょう」と促したところで寝られるわけがありません。結局は、遅く寝て早く起きる、つまり睡眠不足の状態で、ふらふらなまま幼稚園に行くような事態が起きてしまうのです。

幼稚園も小学校も8時半から9時には活動がスタートします。活動の2時間前にはしっかり目を覚ましていなければ、脳は活発に働いてはくれません。集団活動、知的活動、運動などを思い切り楽しみ吸収するためには、からだと脳の準備が大切になります。

［図表4］乳幼児の就寝時間　5カ国比較

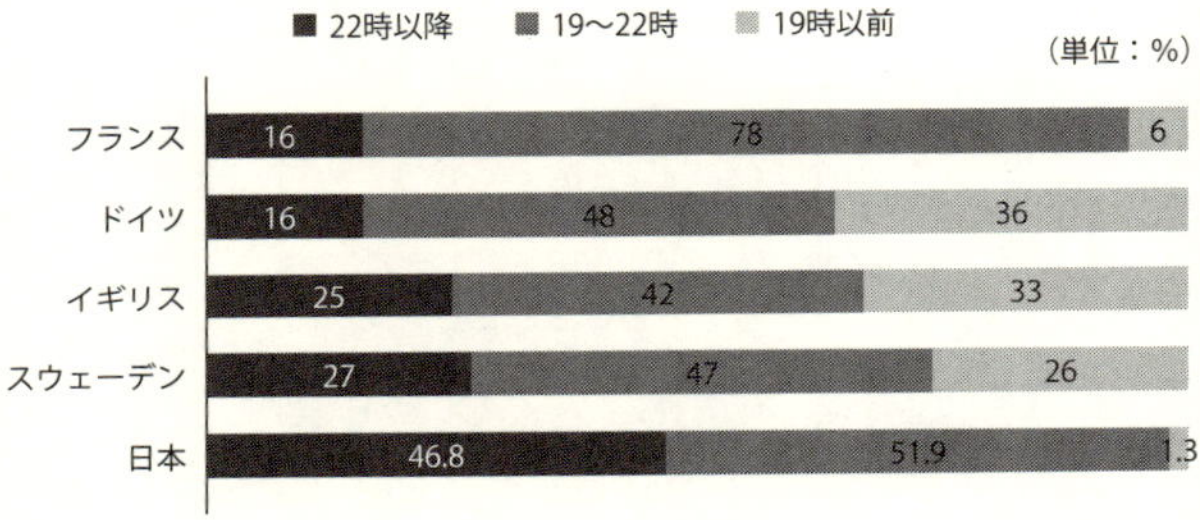

出典：諸外国はP&G「Pampers.com」による調査より
（2004年3〜4月実施、対象0〜36ヶ月の子ども）
日本は「パンパース赤ちゃん研究所」調べ
（2004年12月実施、対象0〜48ヶ月の子ども）

保育園に行っている子に関しては、親が仕事に間に合うよう、早くから保育園に連れて行かれるわけですから早起きの習慣は身についているはずです。

ところが、保育士さんからは嘆きの声がたくさん聞こえてきます。多くの保育園児が、朝の登園時にひどく眠たそうで、まともな活動ができないというのです。朝、登園すると、途切れた眠りの続きをとらせるために午前中に「朝寝」の時間を取らざるをえないとも言います。

どんな事情があるにしろ、子どもに必要な睡眠時間を確保できないのは困ります。世界と比較しても、日本は乳幼児が眠りにつく時間が圧倒的に遅いことがわかります。大人の労働時間が長すぎることが問題になる昨今ですが、乳幼児まで遅寝になっているのは困ったものです。健康な心身を育てるためにも、1～3歳のお子さんがいる間は、多忙な両親であったとしても、子どもは早く布団に入れる、そのことを守って欲しいと思います。

主張や発言のできる子に育てる単語の増やし方

言葉を話すことに関しては個人差があります。同じ誕生日の子であっても、意味のある言葉を話すようになる時期には違いがあるものです。「どうしてうちの子はしゃべらないの？」と心配するよりは、家族がたくさん話しかけ、コミュニケーションをとってあげることで、脳にたくさんの言葉をインプットしてあげることを考えましょう。

たいていは生後2～3ヶ月くらいから「あーうー」「ぶーぶー」「だーっ」というような喃語《なんご》を発するようになります。喃語には世界中の言語の子音が含まれているといわれています。つまり、この時期の赤ちゃんは、どの言語にも対応できる準備をはじめているわけです。

意味を持った単語としてはじめて発せられる言葉を「初語《しょご》」と呼びます。「まんま」や

「ママ」「パパ」「バイバイ」などが代表です。当然ながら、家族がたくさん使う言葉、赤ちゃんに向けて使っている言葉が初語になることが多く、その時期はだいたい1歳前後になります。

単語ひとつでさまざまな用途を果たすのが、この時期の言葉の特徴です。たとえば「まんま」と言えば「お腹が空いた」「ここにおやつが置いてある」「食べものを落としてしまった」「果物の絵が描いてある」というように、見えたものやイメージしたものが「食べること」に関わっていれば「まんま」と表現します。ですから子どもが「まんま」と言った時には、何を指して「まんま」と言っているのかを大人が想像し、正確な単語を教えていく必要があります。単語そのものを覚えさせるというより、会話の中にものの名称を入れ込むようにして、言葉の刺激を与えてあげるのです。

たとえば、バナナの絵が目の前にあった時に、子どもが「まんま」と言ったとしましょう。この時、お母さんは「肯定→褒める→教える」というステップで、「バナナ」という単語を子どもに聞かせてあげるようにします。

「そうね、まんま。上手に言えたね。これはバナナよ。おいしそうね」という具合です。

［図表5］ 話し言葉の発達

生後 2、3 ヶ月〜1 歳くらい

「あーあー」「だーだー」といった喃語を発するようになる

↓

1 歳〜1 歳半

初語が出てくる時期。「まんま」「ママ」「パパ」といった言葉が出るようになる。

↓

1 歳半〜2 歳

ものに名前があることを認識しはじめる。2 語文として「まんまたべる」「まま　いない」などと話せるようになる

↓

2 歳〜2 歳半

知っている言葉を羅列して使う。
現在、過去、未来の区別ができるようになる

↓

2 歳半〜3 歳

大人の使う言葉を使うようになる。

さらりと一度言うだけで、何度も「バナナ」と単語を教え込もうとする必要はありません。

こうした働きかけを常にしていると語彙が増えるだけでなく、子どもは話すことで褒めてもらえることを知って、言葉を発することが楽しくなるのです。話すことは主張することです。小学校に入って、手を上げて自分の意見を言える子に育てるためにも、話すことを「楽しいこと」「素晴らしいこと」だと認識させてあげましょう。

人の気持ちがわかる子は、感情を表す言葉をたくさん知っている

1歳をすぎると、自分と他者をはっきりと区別できるようになります。

ですから一人にされると「悲しい」「怖い」という感情が生まれますし、自分のやりたいことを邪魔されたり、痛いことをされると「嫌悪」の気持ちが表れます。

1歳半くらいになると、「共感」「あこがれ」「照れ」「嫉妬」といった感情が加わり、より複雑な思いを持つようになります。しかし、それらの感情はまだまだぼんやりとしたものので、プラスの気持ちであれば笑い、マイナスの気持ちであれば泣く、怒るといった感情の表し方しかできません。

そこで、大人が関わり「お友だちと会えて嬉しかったね」「おいしいケーキを食べられてよかったね」「風船が飛んでいってしまって悲しいね」「転んで痛かったね。でもすぐ立てて強いね」など、子どもの気持ちを代弁してあげるのです。大人のかけてくれた言葉から、子どもは気持ちを伝える単語や言い表し方を知ることができるのです。それと同時に、他者が同じ状態になった時、どのように感じるのかも学びます。

「人の気持ちのわかる子になって欲しい」「優しい子に育って欲しい」と願うのなら、まず、感情を言葉で表現することをたくさん教えてあげなければいけません。そして、一緒に喜び、悲しみ、悔しがり、気持ちを共有した上で、「でも、大丈夫。あなたはいい子」と励ましてあげましょう。このプロセスが自信の持てる子、ひいては「折れない子」を育てる大切な要素になるのです。

1歳すぎたら、何が何でも断乳すべきか

母乳で育てていると、いつおっぱいをやめるのかは乗り越えるべき壁のひとつになります。1歳になる頃には、母乳で栄養を摂取する必要はなくなりますから、断乳できていな

い子は、単に精神安定のためにおっぱいが必要になっている状態です。保育園に通わせはじめるなど、お母さんと離れる時間が長くなる場合は致し方なく断乳できるのですが、常にお母さんと過ごしている場合、この時期の断乳は試練を伴うかもしれません。

しかし、実はあまり無理して断乳はしなくていいのです。眠い時にちょっとおっぱいをくわえると安心して睡眠に入ることのできる子は、それでも構いません。無理に母乳をやめることで、睡眠導入が妨げられるほうがリスクです。小児科医によっては3歳までは母乳を与えてもよいと考える人もいます。

私は周りの子に見られて「赤ちゃんみたい」などと言われて傷つくことを考えると、1歳半から2歳頃には卒業することが望ましいと考えています。2歳近くになれば、2～3日泣かせれば、簡単に断乳できます。「おっぱいの代わりに、今日からは寝る前に2冊絵本を読んであげるね」というように、別の素敵なことを用意してあげてください。

1歳〜1歳6ヶ月：勉強やスポーツのために、目と手の協応性を高める

乳児期の赤ちゃんの遊びは、ものを手で触り、口に入れて感触を楽しむことがメインでしたが、手の筋肉が発達し、少しずつ器用になってくると、振ると音の出るものや、押すと飛び出すしかけのおもちゃなどにも興味を示すようになります。

1歳をすぎれば、手の指とひらを上手に使ってものを掴むことや、意識して投げることもできるようになってきます。こうした動きは、将来、学習やスポーツをする際に必要になる力です。決められたマスの中にふさわしい大きさの文字を書く、狙った相手にボールを投げる、楽器を演奏する、線に沿ってハサミで紙を切る、といったことは、目で見た情報を脳が処理し、手にどのような動きをさせ、どれくらいの力をかければよいか、正しく指令を出すことでクリアできる高度な技術です。専門的には目と手の協応性と呼ぶのですが、その基本がこの時期の遊びで培われるのです。

ボールを拾って箱に入れる、レールに沿って玉や車を動かす、穴の形に合わせて積み木を入れるといった、単純な遊びに親がたくさんつき合ってあげて、うまくできたときには

いっぱい褒めてあげてください。その繰り返しの中で、子どもは協応性を高めていきます。

1歳6ヶ月～2歳：大人の真似がしたくなる時期。ごっこ遊びをスタートさせる

1歳6ヶ月をすぎると、多くの子が長い距離を歩けるようになります。ベビーカーや車に乗せてしまえば簡単に移動できますが、ちょっとした距離であれば子どもの足で歩かせましょう。その際に、「もう少し、頑張って！」「しっかり歩いて！」と応援するのは賢いやり方ではありません。

大切なのは、気持ちを「歩くこと」に集中させないこと。時々立ち止まって、空に浮かぶ雲を眺めて「何に見える？」と話してみたり、道端に咲いている雑草の匂いをかいでみたり、影踏みを楽しんでみたり。歩くことより、外にはたくさん面白いことがあることを気づかせてあげることに重きをおいてください。

そして目的地についたら、そこではじめて「すごいねー、一人で歩けたね。お母さんも疲れたのに、○○ちゃん頑張ったね」と、できたこと、やり遂げたことをたくさん褒めてあげましょう。

この時期は、大人の真似がしたくなる時期でもありますから、お母さんと同じことができたことは、子どもにとって大きな自信になります。

遊びでも、お母さんやお父さんの真似っ子をしたがるようになり、「ごっこ遊び」に興味を示しはじめます。家の中で小さなカバンを持たせて「みかんを1つ買ってきてください」と頼むと、カバンにみかんを入れてくるようなこともできるようになります。自信を持たせるためにも、小さなお願いをたくさんしてあげて、成功しても失敗しても褒めてあげましょう。自信がつくと、自分から動ける子に育っていきます。

2~3歳：おもちゃの選び方一つで「想像力」がアップする

この時期に子どもに与えるおもちゃも、想像力を養うものにする必要があります。完成されすぎたものよりは、どう使うか、どうイメージするかは子ども次第で、いくらでも変化できるようなおもちゃのほうが想像力をかきたててくれます。

本物そっくりのおままごとセットよりも、プリンカップの茶碗、木の枝の箸、石ころの食材、そういったもので遊ぶことで、子どもたちの中には「おいしい料理」や「素敵な器」を想像する力が養われていきます。

また、キャラクターのおもちゃよりも、飾り気のないシンプルなもののほうが、より想像力を育てることができます。キャラクターがついていると、そのキャラクターの個性に引っ張られてしまい、子ども自身がさまざまな想像をすることが妨げられてしまいます。色のついていない木の電車であれば、その電車は、さまざまな路線の電車として見立てることができます。この時期には、ぜひ、想像力をかきたてるようなおもちゃを与えて欲しいと思います。

外での遊びの幅も広がってきます。公園では遊具を積極的に使い、三輪車などの乗りものも扱えるようになってきます。しかし、まだ子どもだけで友だち同士のやりとりをすることは難しいでしょう。他の子と同じ場所で遊ぶ際は、必ず親が介入して、トラブルが起きないように見守ってください。

転んだりぶつけた時に「痛くない、痛くない」はNGワード

1歳をすぎ、歩けるようになると、赤ちゃんの視界は大きく広がります。触ってみたいもの、試してみたいことが増え、そばにいる大人には危なっかしく見えることがたくさん出てきます。しかし、転びそうになったからと大人が手で支えてしまったり、転んでも傷にならないようにと、真夏でも長袖長ズボンというのは考えものです。最近、3歳以上になっても反射神経が鈍くケガをする子が増えています。転んでも手をつけず頭を地面に打ちつけてしまう子や、鉄棒につかまっていて怖くなると手を離してしまう子、滑り台に登ったはいいけれど高さに怖くなり、座ることもせず滑り台を転がり落ちてしまう子がいるのです。

小さいうちに転んで痛い思いをしなければ反射神経は育ちません。段差でつまずき、壁にぶつかることで、前を見て歩くようになりますし、落ちそうになったらつかまるといったからだの使い方も覚えるのです。もちろん、ヨチヨチ歩きの時代は気をつけてあげる必要がありますが、ある程度しっかり歩けるようになったら、転ぶことは勉強だと思って見

守ってあげてください。

転んで泣いた時は、大きなケガをしていないことを確認した上で「痛かったね」と共感してあげましょう。よく「痛くない、痛くない」と声をかけるお母さん、お父さんがいるのですが、痛くないわけはありません。転んだり、ぶつけたりすれば、やっぱり痛いのです。「痛かったね」と言ってもらえると、子どもは「気持ちをわかってもらえた」ことで安心します。その安心感からよけい勢いよく泣くこともありますが、「すぐ立てて偉いね。強いね。かっこいいな」と褒めてあげましょう。共感してもらえた安心感と、褒めてもらえた嬉しさで、転んだことのマイナスイメージは吹き飛んでしまいます。

スキンシップは大胆に。危ないことにもチャレンジさせる

歩けるようになった子どもは、少々手荒な遊びを好みます。高い高いや、抱っこされたままグルグル回されるのはもちろん、大人相手に相撲ごっこ、乗馬ごっこ、肩車なども大喜びする子が多いでしょう。

男の子だから、女の子だからと区別することなく、大胆な遊びが好きな子には、思い切

りからだを使って遊んであげてください。逆に少し高いところや、スピード感などを怖がってしまう子には無理をさせる必要はありません。ただし、他の子が、大胆な遊びをしているシーンを見て「僕も（私も）やりたい」と主張したときは、怖がらない程度に同じようなことをさせましょう。「楽しそう」「面白そう」なことに、果敢にチャレンジする精神は、こうした遊びの中で培われていくのです。

また、高い位置にある遊具や、角度のある滑り台などは、「まだ早い」と大人が決めつけないようにしましょう。子どもがやりたいと意思表示したときは、最初は親が一緒にやってあげることです。そして「高いね。でも登れたね、勇気を出したからだね」と褒めてあげてください。もし、一人でやらせることが危険であるなら、「あと1回やったら、終わりね」と約束をして、再度、一緒にやってあげましょう。

また、親がそばで見ていられることであれば、多少危険なこともチャレンジさせてください。2～3歳の頃には、ちょっとした木登りや、スロープ登り、ブランコなども可能になります。「手をしっかり握ること」などを説明してやらせてみましょう。もし、失敗しても「挑戦してかっこよかったよ。またやってみようね」と「褒める＋励ます」言葉かけをしてあげましょう。

チャレンジさせることは大切ですが、事故にだけは十分注意が必要です。1～4歳の子どもの死亡原因は、先天性の病気に次いで「不慮の事故」（出典：厚生労働省「平成25年人口動態統計」）が第2位と報告されています。「不慮の事故」の中身をみると、交通事故、不慮の窒息、不慮の溺死・溺水で60％以上を占めており、転倒・転落は5％にも満たないという結果です。

多少危険なことにチャレンジすることと、道路や水が近くにある場所で子どもを自由にさせることはまったく意味が違います。親の責任として、危険のある場所では子どもから目を離さないようにしてください。

イヤイヤ期のスタート！　お母さんもうんざりする毎日

1歳半には二語文、2歳をすぎると三語文を話す子が増えてきます。二語文は「ママ抱っこ」「まんま　食べる」「ジュース　ちょうだい」のような言葉です。ああして欲しい、こうして欲しいという要求をすることが多くなります。

ところが三語文が話せるようになると、要求だけでなく、「○○ちゃん　お風呂　イヤ」「ニンジン　まずい　きらい」というように、主張や否定の気持ちを表すようになってきます。まさにこれが第一反抗期のはじまりです。

「お風呂入ろう」→「イヤ～」
「ご飯食べよう」→「イヤ～」
「もう帰るよ」→「イヤ～」

こうした反抗的な言動は「自我の芽生え」がはじまったことを意味しています。自分が他の人とは違うことをはっきり意識し、一番近くにいるお母さんでさえ、自分とは別の人間であることを理解したのです。

だからこそ「お母さんはお風呂に入りたいかもしれないけれど、私はまだ入りたくない」と、自分の意思を主張するようになるのです。

自己主張ができるようになったことは素晴らしいのですが、その要求にすべて答えていては生活が回っていきません。ほんの少しの時間だけ待ってあげて、あとは譲ることなく、淡々とお母さんはやるべきことをやってしまいましょう。

反抗期はあるのが当たり前です。自分というものを確立するためには、必ず通る道ですから、イライラしてしまう気持ちは十分理解できるのですが、決して頭ごなしに叱ることだけはしないでください。

「したいこと」が「うまくできない」心の葛藤を感じる時期

イヤイヤだけでなく、イライラするのも反抗期の特徴です。服を着るのも、ご飯を食べるのも、靴をはくのも、全部大人と同じように自分でやりたい。でも上手にできない。その葛藤に子どももイライラして結果的に泣きわめいたり、怒り出したりするのです。

手伝っても怒る、手伝わなければできずに怒るわけですから、お母さんが困ってしまうのも無理はありません。ここはお母さんも忍耐の時です。やってあげればすぐに終えられる身支度などでも、本人がやる気になっている時は、手を出さずに見守りましょう。

完成度は低くても自分でできたときはぎゅーっと抱きしめ、「自分でできたね。すごいよ」と全身を使って褒めてあげてください。

もし、失敗したり、途中までしかできなくても「すごいね、自分でやろうとしたんだ。

かっこいいね。練習したらできるようになるよ。明日もやってみようね」と褒めて励まし、再チャレンジの機会を与えてあげましょう。

子どもは悔しくて泣いたり、かんしゃくを起こすかもしれません。それでも「偉かったよ」と褒めてあげましょう。日々、少しずつできることが増えるのですから、達成感を味わうチャンスはたくさんあります。

大げさなくらい達成感を感じさせてあげることで、自己肯定感が育ち、「自分は頑張れる」「やればできる」という強い心が育つのです。

【１歳から３歳までの特徴と育て方】
自分でできることを増やしてあげる時期

「母親とべったり」から
卒業する頃

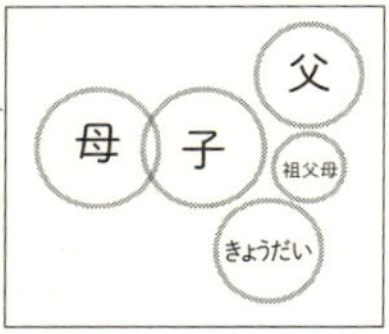

１歳

１歳〜１歳６ヶ月

手や目を使う遊びをさせる

触ったりなめたり……。
積み木や音が出る絵本など、
うまく遊べたらしっかり褒めます

１歳６ヶ月〜２歳

ごっこ遊びをスタートさせる

お母さんお父さんも一緒に
遊んであげましょう

２歳〜３歳

ブロック遊びをさせる

親は手を出しすぎず自由に
遊ばせよう

- トイレ習慣を身につけさせる
- からだづくり（生活習慣と運動）
- ダメなことは「ダメ!」としっかり言う

３歳

【1〜3歳のアメとムチ】

この時期には、一般的にいう「叱る」というしつけはしません。「褒める」「勇気づける」ことをコミュニケーションの中心におき、できるだけポジティブな言葉かけで日常生活が送れるようにします。「イヤ」と言ったら、「イヤ」と言えたことを褒めてあげるくらいの度量が大人の側に必要になります。

ただし、悪いことは悪いと認識させなければなりません。そこで実践して欲しいのが、子どもの言動に対して否定する時は「ダメ」の一言だけで済ませること。ダラダラとお説教したり、ダメの理由を言っても通じる相手ではありません。

では、1〜3歳に実践して欲しいアメとムチを見ていきましょう。

アメ

「まだ帰りたくない！」ダダをこねたら一旦、待ってあげる

公園やお友達の家などは子どもにとって魅力的な場所です。「さぁ、帰ろう」と声をかけても、反抗期のはじまった子は「イヤ」「帰らない」と主張してくることが多くなります。この時に、「言うことを聞きなさい」「帰ります」「いけません」と頭ごなしに叱ったり、腕を無理矢理引っ張って帰らせようとする必要はありません。

この時期の「イヤイヤ」は自己主張ができるようになった成長の証です。「自分の気持ちが言えるようになったのね」とお母さんにはおおらかな気持ちを持ってもらいたいのですが、多忙な日々の中では、ついイライラしてしまうでしょう。しかし、この時期に厳しく叱られすぎてしまうと一生親をこわがるようになります。特にお父さんは強い口調で叱らないようにしましょう。

「イヤイヤ」がはじまった子と外出した際は、帰らなければいけない10～15分前に「そろ

［図表6］ イヤイヤ期の対応

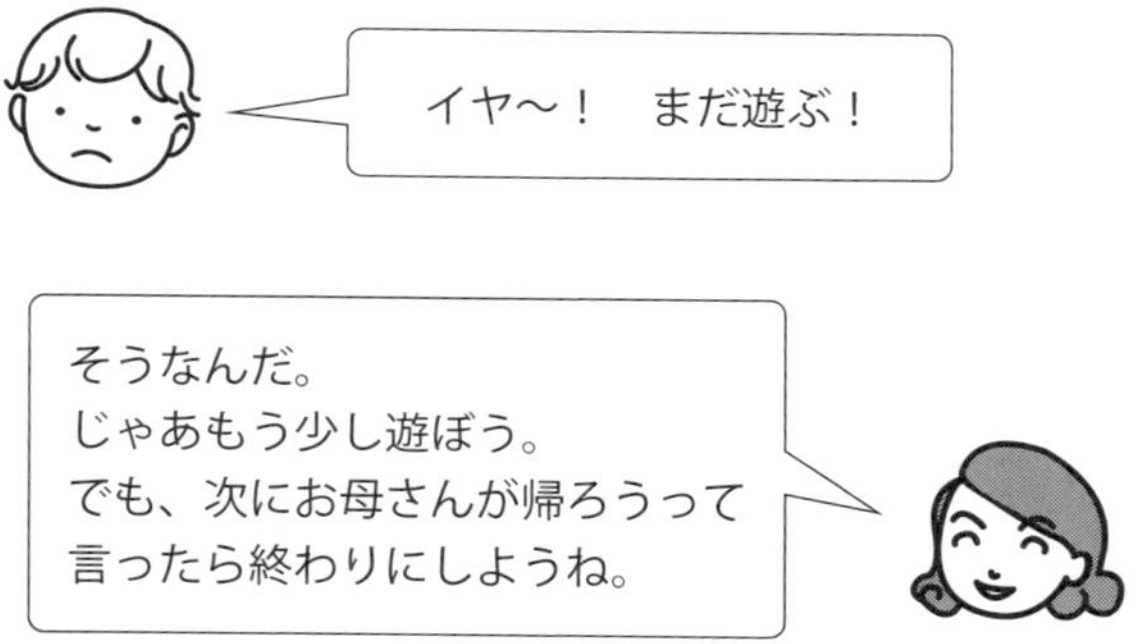

★本当に帰りたい時間よりも15～20分前に声をかけるようにしましょう。

そろ帰ろう」と切り出すのです。子どもは「イヤ」と反抗してきます。そこで叱ったりせず、すかさず「わかった。じゃあ、もう少し遊ぼう。でも、遅くなると、夜のご飯が作れなくなってお腹が空いたまま寝ることになってしまうから、次にお母さんが帰ろうって言ったら終わりにしようね」と話してあげてください。

そして10～15分経ったら、「〇〇ちゃん、時間だね。一緒に夜ご飯のお手伝いしてね」と、次の興味に話を持っていくようにします。

もちろん、この方法でいつもうまくい

くわけではありませんが、大人扱いした言い回しで話されると子どもは嬉しいものです。
「イヤイヤ」に対しては、「イヤ」な気持ちを受け止めて、一旦、待ってあげます。

アメ

トイレトレーニングはいらない。自然にできるようになる

「2歳になったらおむつをはずす！」と気合の入るお母さんがいるようですが、初語と同じで、排泄のコントロールができるようになる時期は子どもによってまちまちです。何歳でおむつを取らなければいけないというルールはありません。その子にあったタイミングでいいのです。

トイレで排泄できるようにするためには、まず「トレーニング」という概念を持たないことです。排泄をトイレ以外の場所で行うことは恥ずかしいということを理解できれば、自然とトイレでできるようになるのです。

おむつをはずすことにばかりとらわれるのではなく、まず、排泄がどういうことかを絵本やおもちゃを使って教えてあげましょう。「うんち」や「おしっこ」がテーマになった絵本は、子どもにとても人気があります。また、食べものや飲みものがからだの中を巡って排泄物になるまでを描いた絵本もたくさん出版されています。読み聞かせをして、「うんち」や「おしっこ」が人間にとって大切なものだということをわからせるのです。

それから、トイレが怖い場所ではないこと、お母さんもお父さんもトイレで排泄していることを教えましょう。お母さんやお父さんがトイレに行くのに一緒に連れて行っても構いません。「トイレでおしっこするとさっぱりして気持ちいいな」などと声に出してみてください。

こうした下地をつくっておいた上で、おしっこの間隔が2時間以上になり、おむつにおしっこをした時に表情を変えるようになったら、「○○ちゃん、ママみたいにトイレでおしっこしてみる?」と誘ってみましょう。トイレに行く気になったら便座に座らせ、1〜2分待って出なければおしまい。「上手に座れたね。今度はトイレでおしっこできたらいいね」とだけ言っておきます。これを繰り返すだけです。

無理におむつをはずして、パンツにおしっこをさせて冷たい思いや悲しい思いをさせる必要はありません。高確率でトイレで排泄できるようになってから、おむつをやめる順番でよいのです。トイレに間に合わず下着を汚してしまっても、絶対に怒ってはいけません。「冷たかったね。次は間に合うといいね」と励ましてあげましょう。

アメ

おもちゃの取り合いは叱らずに、親が必ず介入しよう

3歳未満では、まだ同年代の子と一緒に遊ぶことは難しい時期ですが、他の子がそばにいると「楽しい」と感じるようになります。そして、他の子がやっていることを真似しようとします。すると、ここでトラブルが起きてしまいます。ひとつのおもちゃを取り合うことや、同じ遊具で同時に遊びたがるような場面がよく見受けられるシーンです。

子ども同士で解決することは不可能ですから、必ず親が介入するようにします。自分のおもちゃを他の子に取られた時は「使わせてあげようね。貸してあげられるなんて、優しいね」と褒めることで、自分の子どもの気持ちをしずめます。逆に、自分の子が相手の子のおもちゃを取ってしまった時は、親が「少し貸してもらってもいいですか？」と相手の子とその親に尋ねて、許しを得てから使わせてもらいます。その際は、「貸してもらったよ。ありがとうしよう」と、子どもにもお礼を言わせましょう。

ものの貸し借りは、大人になってもマナーが大切な部分です。小さなうちから「借り方」「貸し方」を覚えることで、人のものと自分のものを区別し、人に不快な思いをさせない振る舞いができるようになります。まずは大人が手本を見せてあげることが大切です。

1〜3歳のアメとムチ

アメ

好き嫌いはあって当たり前。食事は「楽しく」を基本にする

「食べてくれない」「好き嫌いがある」「食べるのに時間がかかる」などなど、食に関するお母さんたちの悩みは尽きないものです。しかし、どの悩みも、食べることを強要するから起きてしまうトラブルであることに気づきましょう。

お母さんたちはバランスよく、好き嫌いなく、決められた量を、決められた時間で食べて欲しいと思っています。しかし、そのように押しつけられた食事はちっとも楽しくありません。「さぁ、食べなさい」「残してはいけません」「さっさと食べなさい」と横で言い続けるお母さんも多いのではないでしょうか。

食事はまず、「楽しい」ことを基本にしましょう。子ども一人の食事タイムにするのではなく、必ず親も一緒に食べるようにします。本人が食べ切れる量の3分の2くらいを目安に盛りつけます。嫌いな食材はほんの少しにしてあげます。同じような栄養価の食べも

のはあるはずですから、無理強いして食べさせる必要はないのです。
すべて食べきったら「すごいね！　大きくなれるね。あとひとくち食べたら、もっと高くジャンプできるようになるかな」など、本人が今、興味のあることに結びつけて、食欲を促してみましょう。「もっと食べる」と言ったらおかわりを、乗ってこなければそこで終わりにします。量が足りていなければ、すぐに「お腹が空いた」と言ってくるでしょう。そのときに、小さなおにぎりなどを食べさせて、量のコントロールをすればよいのです。

アメ

お菓子は「悪」と決めつけない

「虫歯になるから」「太るから」「からだによくないから」とお菓子を与えずに育てるお母さんがいます。もちろん手作りのおいしいおやつを与えているのであれば問題はないのですが、チョコレートやせんべい、クッキーなどのお菓子を完全にシャットアウトされている子は、食に対しての興味を失ってしまう場合があるので注意して欲しいと思います。

もともと食の細い子にとっては、3食の食事をすべて食べきるだけでも大変なことです。「食べることは辛いこと」という印象になっているかもしれません。そういう子に対してお母さんは「ご飯が食べられなくなる」という理由でお菓子を与えないようにします。

これでは「楽しい」と感じながら食べる機会を持てないまま育つことになります。食の細い子こそ、お菓子をご褒美として与え「食べるって楽しい」という思いをさせてあげてください。

もちろん、食の細い子に限らず、お菓子は適量であれば与えても構いません。添加物の問題など、各家庭の方針はあると思いますが、お菓子を食べさせてもらえない子が、友達の家でお菓子を独り占めしてしまうという話はよくあることです。当のお母さんだけがそれに気づかず「うちはお菓子を食べさせていません」と意気揚々と語ってしまうケースもあると聞きます。

大人になれば自分の判断で食べるものを選ぶようになります。その時に、子どもの頃の反動でお菓子ばかり食べるようになるのも考えものです。何事も適量であれば許容するくらいの気持ちが、子育て中は大切だと思います。

アメ

甘えてきたらとことん甘えさせる

親とは別の布団に寝るようになっても「一緒に寝て」と甘えてくることはあるでしょう。そんな時に「もう、お姉ちゃん（お兄ちゃん）なのにおかしいなぁ」などとプライドを傷つけるようなことは言わないようにしましょう。「お母さんも一緒に寝たかったんだよ」と、一緒の布団でスキンシップをしてあげてください。甘えられる場所があることを実感している子は、心が安定し、失敗を怖れない強い気持ちを持てるようになります。

下の子が生まれている場合は、お兄ちゃん、お姉ちゃん扱いして、我慢を強いることも多くなると思いますが、上の子こそ甘えさせてあげてください。下の子が昼寝をしている時間は絶好のチャンスです。膝の上にのせて絵本を読んであげたり、くすぐりっ子をしたり、からだがふれあうようなコミュニケーションをたっぷりとってあげましょう。

アメ

「片付けなさい！」と怒るのはNG。学習能力を上げる声かけ術

子どもは散らかす名人です。次から次へと興味がわき、おもちゃや文房具などをどんどん出してきては、新しい遊びを展開します。たくさんのおもちゃで埋め尽くされた部屋を見ると、お母さんたちはげんなりして「片付けなさい！」と怒鳴りたくなってしまう気持ちになるでしょう。

しかし、ちょっと考えてみてください。片付けは誰のためにするのでしょうか。子どもはおもちゃが散らかっていても困らないのです。むしろおもちゃに囲まれた状態は「嬉しい」と感じているかもしれません。自分なりにおもちゃを並べ、遊んでいるところで「片

付けなさい」と言われることは、「せっかく出したのに……」と残念な思いをすることになるのです。

3歳までの子には、部屋がきれいであることが気持ちいいとか、次に使う時に便利なように片付ける、という発想はまだありません。説明しても意味をわかってもらえないでしょう。

「せっかく遊んでいたのに残念だけど、もうおもちゃは寝る時間、○○ちゃんはご飯の時間。おもちゃを一度、自分のお家に戻してあげようね」

というような、子どもにも理解しやすいたとえ話をして片付けを促します。見栄えよく片付けるよりは、おもちゃの種類ごとに箱や引き出しにしまう方法が望ましいでしょう。車、ブロック、積み木、おままごと、文房具というように、種類別に収納するだけで十分です。この仕訳さえできるようになっていれば、今後の年齢で、複雑な整理整頓に移行させることができます。

最近、大人の世界では「断捨離《だんしゃり》」という言葉が流行り、余計なものを持たず、整理整頓することで生活全般の質が上がるといわれています。整理整頓の上手な人は、時間に無駄が生まれにくいようです。子どもも同じで、整理整頓が上手になった子は、勉強の要領もよくなるといわれています。

その素地をつくる1〜3歳までは「大まかな分類」まででよいので、整理整頓が上手になるようにサポートしていきましょう。

そして片付けさせるときは、最初から一人でやらせないことです。お母さんが一緒になって、「これは車だから、この箱ね」などと言葉を発しながら楽しんで片付けていきます。そして部屋がきれいになったら「○○ちゃんのお片付けのお陰で、おもちゃが自分のお部屋に戻れたって喜んでいるよ。最後まで片付けられて偉かったね」と褒めてあげましょう。

繰り返し、繰り返し一緒に片付けていると、「今日は自分でやる」という日がくるかもしれません。そうなったら一人でやらせるタイミングです。うまくできなくても指摘したりせず、「すごいね、一人でできたね」とたくさん褒めてあげてください。

ムチ

友達を叩いた、噛んだ時は「ダメ」の一言を！

言葉で自分の意思をはっきりと伝えられない時期は、叩いたり噛んだりすることで自己主張しようとする子もいます。暴力的な行為に対しては、きっぱり「ダメ」と言ってください。「お友達が痛いでしょ」「そんなことする子はママ嫌いよ」というような説明は不要です。とにかく「ダメなものはダメ」それだけです。

理屈を言っても理解するのは難しい年頃ですが、「ダメ」の意味はわかります。とにかく「ダメ」で押し通してください。

痛みをわからせるためと、子どもがお友達にやった通りに、自分の子どもに噛みついたり、叩く実演をして、「ほら、痛いでしょ」と教え込もうとするのは絶対にやめましょう。子どもにとっては怖い思いをするだけで、反省するような思考回路にはなりません。

とにかく根気よく、その都度「ダメ」と言い続けてください。叩いたり噛むことが多くなっている場合は、よその子と一緒に遊ばせる時にはあらかじめ相手の保護者に「もし、うちの子が叩いたらすぐに『ダメ』と叱ってください」とお願いしておきましょう。「ダメ」なことは、たくさんの大人から「ダメ」と教えてもらうようにするのです。おじいちゃん、おばあちゃんに預ける場合も、お願いしておくようにしておきましょう。

「ダメ」と言われ続ければ、子どもは「善悪」の「悪」の部分を知ることができます。本格的な「善悪」のしつけは次のステップになりますが、暴力に関しては年齢に関係なく「ダメ」を教えておく必要があるのです。

ムチ

薄着の習慣を継続。冬でも半ズボン！

赤ちゃんは暑がりであり、厚着をさせてはいけないという話を3章でしましたが、小学生までは薄着を継続させてください。肌が外気に触れ、寒さや暑さを感じると、脳にその情報が届きます。すると自律神経が働き、外気に合わせた活動を血管や心臓に促すのです。暑ければ汗を出す、寒ければ血管を収縮させて体温を逃さないようにします。

こうした調整を普段からすることで、自律神経の働く力が鍛えられ、免疫力も上がります。つまり薄着をすることで、風邪などの感染症にかかりにくくなるのです。薄着に慣れてしまえば、雪国でなければ冬でも半ズボンで過ごせます。私も自分の子どもは小学校卒業まで半ズボンで過ごさせました。個人差があるのでもちろん無理に真似ろとは言いません。しかし、真冬でも半袖半ズボンで登下校するお子さんがまぶしく見えるのは私だけでしょうか。

ムチ

テレビ、スマホ、ゲームは禁止を継続する

3章でもお伝えした通り、3歳まではテレビやDVDなどは見せないようにしましょう。

映像から入ってくる情報は、体験したものではありませんから、子どもの成長にはほとんど役に立ちません。からだを使って、失敗したり、困ったり、泣きながら壁を乗り越えることが重要なのです。

ましてやテレビゲームやスマホはもってのほかです。だらだら時間制限なく、インターネット画像を流しておくことは絶対にやめましょう。

また、お母さんやお父さんが、SNSやゲームに興じていては、子どもに禁止するのは難しくなります。スマホはコミュニケーションツールだから、今の時代はスマホを常に触っているのは仕方ないことと主張する若いお母さん、お父さんがいますが、果たしてそうでしょうか。緊急連絡ならともかく、ほとんどは1時間後でも済む話だと思います。

子どもと一緒に公園で遊んでいるときや、一緒に食事をしているときくらいは、スマホは目につかないところにしまっておきましょう。そして、一緒にからだをたくさん使って遊んであげてください。このムチは、お母さん、お父さんにとっても重要なムチだと思ってください。

［第5章］

【折れない子を育てるステージ③：3～6歳】

困難を乗り越える「忍耐力」をつけさせる

本格的なしつけをスタートさせよう

3歳をすぎると、関わる人の範囲が広くなってきます。家族、親戚、近所の人、よく一緒に遊ぶ友達、そして幼稚園や保育園の仲間や先生……、知った顔が増え、子どもの社会が大きく開かれるこの時期は、「忍耐力」を鍛えるタイミングです。

社会に出るためには、さまざまな決まりごとを理解し、道徳観念も育てていかなければなりません。この段階で物事の善悪を曖昧にしてしまうと、小学生になったときに善悪の意識が薄く、感情をコントロールできない子になってしまいます。

とはいえ、まだ「叱る」ことは控えめにしなければいけない時期でもあります。いけないことをしたからと、怒鳴りつけたり体罰をするような叱り方はいけません。ダメなものはダメと言い続ける、「忍耐のしつけ」が必要になります。

道徳やマナーは「家庭のルール」を基本にする

食事前の「いただきます」の仕方を、家庭ではどのようにしているでしょうか。手と手を合わせる家庭もあれば、合わせない家庭もあるでしょう。朝起きたら、すぐに着替える家もあれば、朝食はパジャマで済ませる家もあります。こうした家庭内のルールは、家庭内で統一していれば、変える必要はありません。

「先に着替えさせるべきですか？」「朝起きたら、すぐに顔を洗わせるのですか？」と細かく質問してくるお母さんがいますが、そこまで神経質になる必要はありません。お母さん自身が育ってきた環境の中で「これでいい」と思えたことはそのまま子どもに教えればよく、自分が教わってきたことに疑問があれば、新たなルールを自分たち家族でつくればいいのです。

家族という小さな社会の中にもルールがあります。玄関で靴を揃えることまで厳しくしつける家庭もあるでしょうし、比較的散らかった家の中でも心地よく過ごせる家族もいます。「絶対こうでなければならない」ということよりも、それをみんなで守ることで家族に一体感が生まれることを実感できることが、家庭内のルールの基本です。ですから、「おはよう」「ごめんね」「ありがとう」を口に出して言う、というようなルールをつくるのがよいでしょう。不思議なもので、家庭のルールをつくるだけで、無口だったお父さんの口数が増え、家庭内の会話が活発になることもあるのです。「子どもが親を育てる」というのはこういうことなのでしょう。

早寝、早起き、朝ごはんを習慣にする

行動範囲の広がった子どもたちは、たくさんの刺激を受け、日中、たくさんのストレスやプレッシャーを感じています。登園してお母さんと離れ、歌を覚え、お遊戯をして、先生の話を聞き、お友達とも仲良くしなければなりません。当然、帰宅後はぐったり疲れている子も多いはずです。

たくさん遊び、たくさん頑張った子は、たくさん休息が必要です。睡眠はからだの疲れをとるだけではありません。寝ている間は食べたものの消化がもっとも活発に行われますし、神経の発達のために必要なエネルギーチャージも睡眠時に行います。また、記憶の整理をするのも眠っている間です。

よい睡眠をたっぷりとることは、日中の活動の質に大きく関係します。幼稚園時代は、夜8時に寝て朝は6時起床くらいがベストでしょう。

そして必ず朝ごはんを食べましょう。夜、しっかり眠った子は、睡眠中に消化器が存分に仕事をしてくれていてお腹が空いているはずです。忙しくても、お母さんも一緒に食卓について、顔を見ながら朝食をとることを習慣にしてください。

入園前にプレ保育などで集団に慣れさせてあげよう

3歳で幼稚園に入園する子も多いでしょう。幼稚園や保育園は、子どもがはじめて体験する社会です。楽しく過ごせるように背中を押してあげてください。

それまでお母さんとべったりだった子は、登園のたびに泣いてしまうかもしれません。しかし「大丈夫」「お友だちは優しいよ」「先生が待ってるよ」と励まし、とにかく連れていきましょう。ここは頑張らせていいところ。いずれは泣かなくなるものです。

早生まれで月齢の低い段階で入園する子は、プレ保育や地域の保育サークルなどを利用して、集団で遊ぶことに慣れさせておくとすんなり順応できるかもしれません。最近、外で遊ぶ子どもの姿が極端に減ってきていますが、中には、幼稚園に入るまで外遊びの経験のない子どももいるのです。幼稚園では園庭を思い切り走り、遊具でダイナミックに遊ぶ子がいますから、外遊びの経験のない子には「怖い場所」として映ってしまうこともあります。入園する予定の幼稚園が園庭開放などの地域サービスを行っている場合は、入園の数ケ月前から園庭で遊ばせておくのもよいでしょう。

何で？　どうして？　質問攻めは知的好奇心の表れ

それまでは自分のことにしか興味のなかった子が、他者を意識しはじめ、周囲が見えてくるとさまざまな疑問を持つようになります。そこで「何で？」「どうして？」の質問攻めがはじまるのです。言葉の数も増えてきていますから、質問も高度なものが出てきます。「リンゴはどうして赤いの？」「赤ちゃんはどこからくるの？」「雨はどうして降るの？」「アメリカってどこにあるの？」「大統領って何？」などなど、ちょっと耳にしたこと、目にしたことを次々に疑問形に変換して攻めてきます。

最初はお母さんもお父さんも、一生懸命答えてあげようとするのですが、だんだん面倒くさくなり無視したり、「後でね」と誤魔化すことが増えてしまいます。しかし、せっかく生まれた好奇心を無下にするのはもったいないこと。できる限り真剣に聞いてあげましょう。時間に余裕のある時であれば「何でだと思う?」と子どもにも考えさせてみます。
たとえば「どうして空は青いの?」と聞かれた場合、

親:どうしてだと思う?

子:水色がきれいだからかな。

親:そうよね、きれいよね。でも、きっと何か理由があるよね。今度、図書館で一緒に調べてみよう!

これでいいのです。太陽光線が屈折し、実際に私たちの目に届いているのが青や紫色だなどということを説明したところで幼児には理解できません。だからといって「誰かが水色の絵の具で塗ったのよ」などというファンタジーで返せば、「誰が塗ったの?」「どうやって?」「空を飛んだの?」と、ますます迷宮に入ってしまいます。簡単に説明できないことは、図書館で幼児向けの科学の本を一緒に見れば、何となくわかった気になります。そのプロセスが子どもの好奇心を満足させ、さまざまな学問に通じる興味の扉を開けてくれるのです。時にはインターネットを活用しても構いません。しかし、インターネットを使うのは短時間にします。そしてインターネットで調べたことが事実かどうか、後日、一緒に検証してみるのもいいでしょう。

外遊びを増やして、体力と考える力を育てる

今の子どもは数十年前の子どもと比較すると、圧倒的に外遊びの時間が減少しています。交通量が増え、空き地や小さな川など、子どもたちが自由に遊べる場所が減っていることが大きな要因であることは間違いありません。しかし同時に、ゲーム機をはじめとする、家の中で楽しむおもちゃが充実し、外で遊ぶよりも「楽しい」と子どもが感じていることも大きな問題ではないでしょうか。

外遊びは、子どもの身体能力、社会性、感性、創造性を高める素晴らしいものです。外遊びが減るということは、身につける必要のある能力が伸びないということに繋がります。たとえば、体力面のデータで見てみると、外遊びの少なくなった世代から体力が低下していることがはっきりと示されています。文部科学省が行っている「体力・運動能力調査」の中から、1964年、1989年、2013年、各年代の10歳のデータを確認してみましょう。

50m走では男女ともに1989年は素晴らしい数値を出していますが、2013年にはガクンと数値を落としてしまっています。ボール投げにおいては、さらに低下が著しく、特に男子では1989年と2013年を比較してみると、約4mも低下しているのです。その他のテスト項目を比較しても、1989年と2013年では低下の傾向が顕著で、これは、子どもの世代が親の世代の体力を下回っていることを示しているのです。

小学校に入ってスポーツのできる子は、クラスの中でも目立つ存在になりますし、前向きに活動できるタイプの子に育ちます。ですから、小学校に上がる前には、外でたくさん遊ばせて体力をつけ、運動機能を発達させてあげましょう。たとえば、肩の回し方、指や腕の使い方などは、ボール投げを練習することで身につくものです。お母さんやお父さんが相手になってあげて、たっぷりからだを動かす時間をつくる必要があるのです。

もちろん外遊びの効果は体力面だけではありません。今から50年以上前になりますが、私が小さい頃は、「缶けり」や「おにごっこ」「かくれんぼ」「だるまさんが転んだ」「ゴムとび」「石蹴り」「基地づくり」など、たいした道具を使わなくても、楽しめる遊びをたくさんしていました。そこには創意工夫、仲間同士のルールづくり、協力する力が必要にな

［図表5］ 1964 年、1989 年、2013 年の体力テスト結果

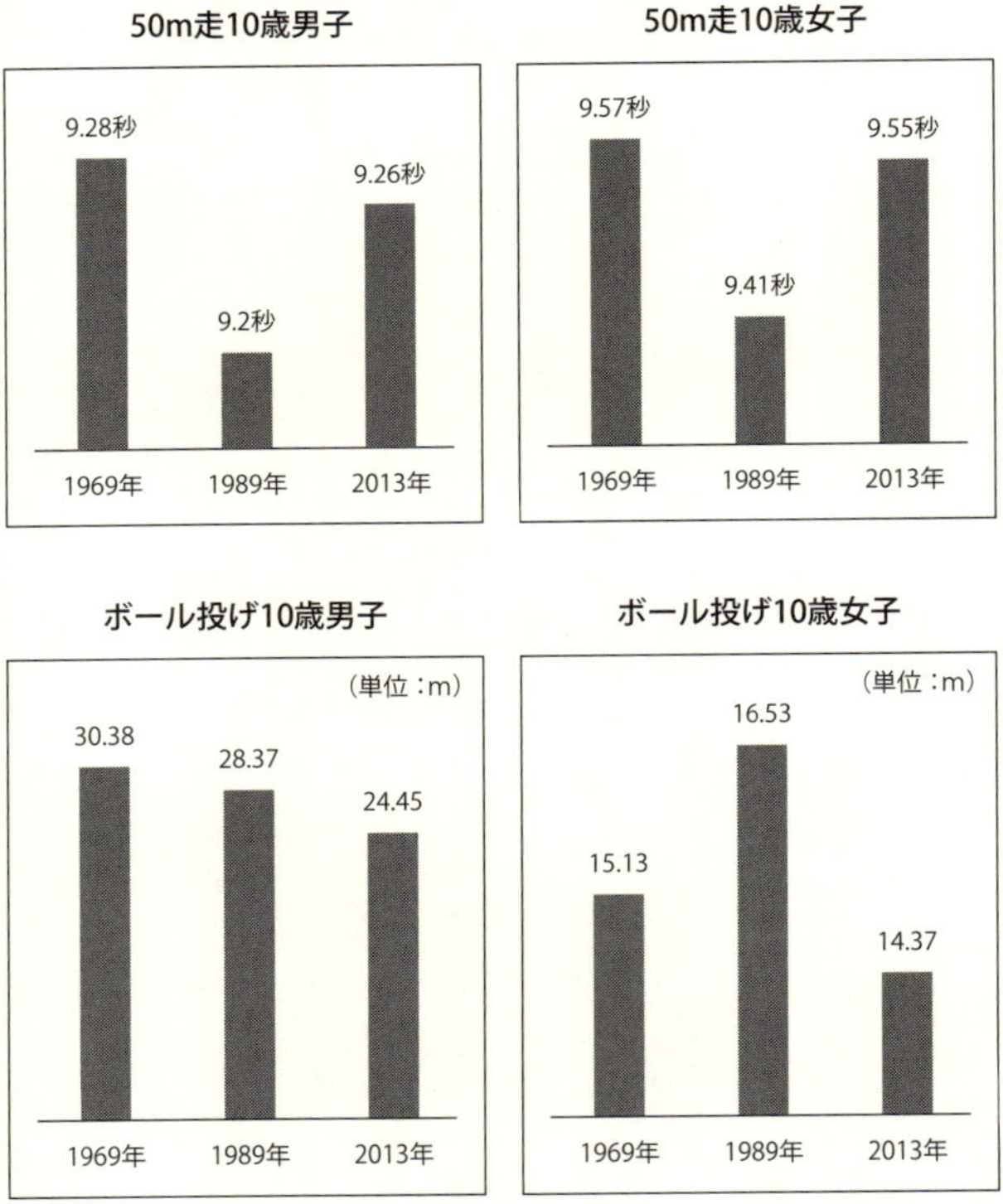

出典：「平成 25年度体力・運動能力調査の結果について」／文部科学省　報道発表より

り、勝つことと負けることの経験など、小学校で勉強をはじめる前の基礎となる要素が詰め込まれていたのです。お母さん、お父さんは、自分たちのしてきた外遊びを、ぜひ子どもに伝承してあげてください。

最近は公園にまでゲーム機やカードを持参し、すべり台の上を占領してゲームに興じる小学生の姿を見ることもあります。高価なおもちゃを外に持ち出すことは、「貸したのに返してくれない」「壊された」といったトラブルの原因にもなります。絶対にやめさせるべきだと私は考えています。

楽しくて競わない習い事ならOK。教育的なものはNG

偏差値の高い大学に入れる！　トップアスリートにさせる！　そんな目標をお母さん、お父さんが掲げて、早くから子どもに習い事や勉強をさせることは、百害あって一利なしだと私は考えています。

小学校に入る前の子どもに、遊ぶ時間がなくなるほど習い事をさせてしまえば、生活にゆとりがなくなり、子どももお母さんもイライラして過ごすことになります。また、本来、この時期に身につけなくてはならない強さやたくましさを鍛える機会を失ってしまうことにもなりかねません。

「早い時期から勉強をさせたほうが、偏差値が高くなる」などということはありません。発達の時期に合わせた教育をすれば、前倒しでスタートしなくても同じような結果となることは、研究、発表されていることです。

小学校に入る前に習い事をするのなら、体力をつけることができて、人と競い合わないものがいいと思います。その点、スイミング教室はおすすめできると思います。ただし、「Aちゃんはクロールの試験に合格したのよ、あなたも頑張りなさい」などと、成果を出すことを求めてはいけません。楽しいと思えることを優先してあげてください。

【３歳から６歳までの特徴と育て方】
幼稚園、小学校と子どもの世界が広がる時期

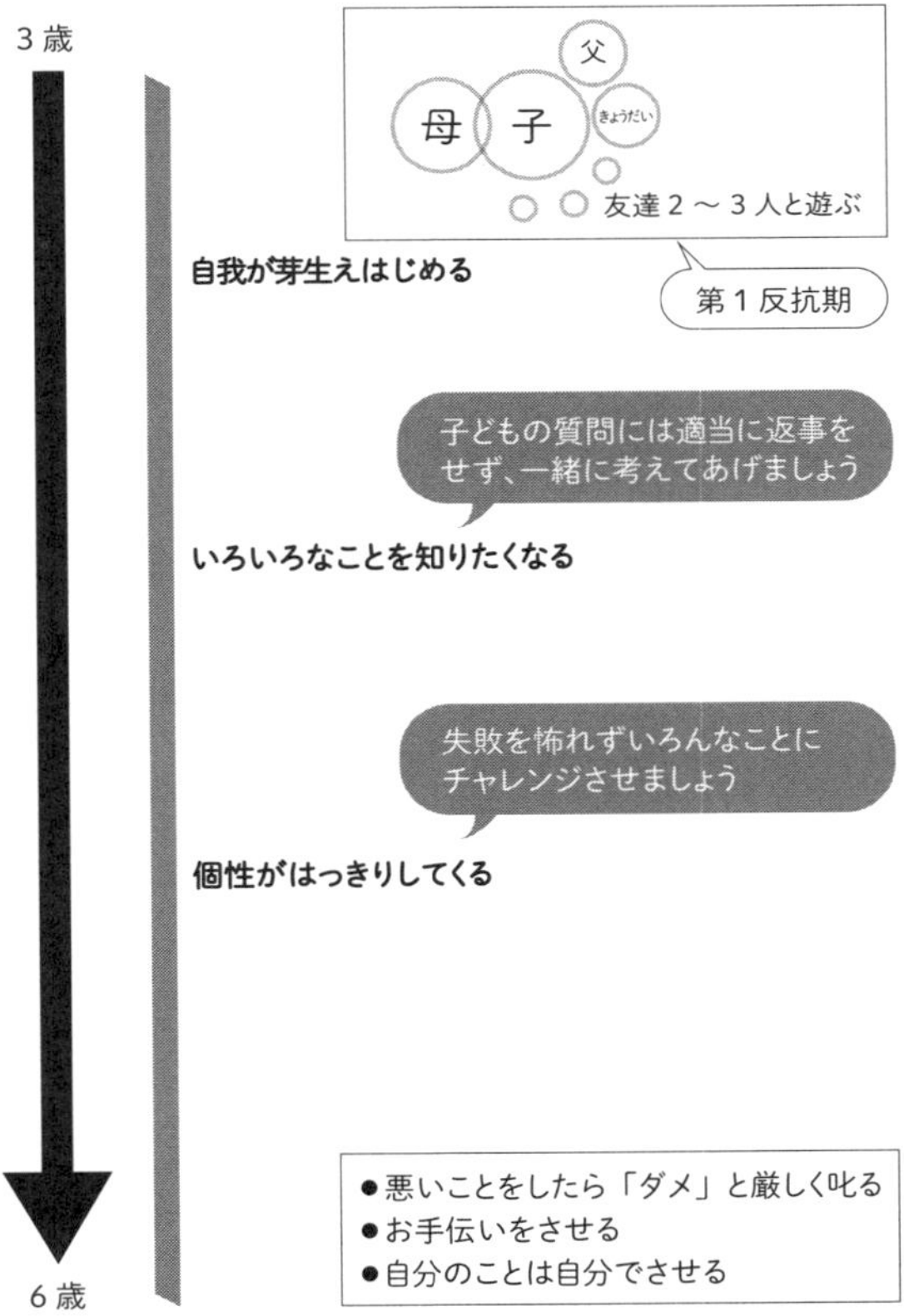

【3～6歳のアメとムチ】

この時期は「アメ」が中心です。「褒める」「勇気づける」「認める」ための言葉がけをたくさんしてあげましょう。

ただし、大人に求められる姿勢は「見守る」ことが原則です。先回りしたり、後始末をお母さんがやってしまえば、子どもの奴隷になってしまいます。

子どもに善悪の区別をつけさせるためには「ムチ」も必要になります。しつけは根気のいる作業ですから、お母さんも、お父さんも忍耐強く頑張りましょう。

アメ

反抗期の「イヤイヤ」は一旦受け止めてあげること

3〜6歳の前半は、第一反抗期の真っ最中です。

一人でできることが多くなり、それをすべて自分でやりたい、やってみたいと主張します。そして、自分の意に沿わないことに対しては「イヤ」「ヤダ」を言いダダをこねます。

この時、対応する大人には毅然とした態度が求められます。言葉も状況も理解できるようになってきている年齢ですが、自分の感情がコントロールできずにダダをこねていますから、まずはその気持ちを受け止めてあげること。イヤだと思っている気持ちに対して「そう思うのね。気持ちはわかるよ」と同意してあげるのです。

気持ちを受け止めてもらえれば、泣いていてもかんしゃくを起こしていても、子どもは心の中でホッと安堵します。お母さんの胸に飛び込んでくる子もいるかもしれません。受け止めることは、いつでも子どもにとっては「アメ」の効果になるのです。

アメ

感性を育てるために、新しい経験をたくさんさせる

4歳前後になると、子どもの個性もはっきりしてきます。感受性の豊かな子もいれば、気持ちをグッと抑え込むタイプの子もいます。興味を持つ対象もその子によって異なります。お母さんやお父さんが好きなことに一緒になって参加する子もいますし、親は興味を持っていないことでも興味を示す子もいます。できるだけたくさんのことに興味を持ち、知識欲を刺激することで、将来に向けて、自分が何をしたいか、どんな大人になりたいかのイメージをつくりはじめる時期でもあります。

この時に注意したいのが、お母さんやお父さんが「これは楽しいよ」「これやってみたら？」と興味の対象を押しつけないようにすることです。お母さん、お父さんの役目は、子どもが日常の中で「楽しい」「面白そう」と思えることを見つけられるように、さまざまな体験をさせてあげることです。体験こそがこの時期にもっとも大切な「アメ」になり

ます。

いろいろなものを見せ、触らせ、味わわせ、感性を育ててあげましょう。たとえば少し遠出をして、たくさんの初体験をしてみる。はじめての乗りもの、そこにしかいない動物との触れ合い、野外での製作活動、ダイナミックな自然体験などは、子どもにとって印象深く、そこから新たな興味が生まれることもあります。

また、家の中でも、お父さんが日曜大工にチャレンジして、子どもが興味を持ったら板に釘を打ちつけさせてあげるとか、お母さんがケーキづくりをするのを手伝わせるといったことでも十分新たな体験になります。

大切なのは失敗しても気にせず、好きなようにやらせてあげること。そして失敗に対しても経験として「楽しかったね」と言ってあげられることです。

アメ

「汚す子」のエネルギーを止めない

外でどろんこになって遊べる子が減ってきています。

公園の砂場は汚いからとどろんこ遊びをさせず、クリーンな砂のレプリカのようなもので遊ばせたり、絵の具やクレヨンはテーブルや手を汚すからと、色鉛筆で絵を描かせる。このような潔癖志向のお母さんは、子どものエネルギーを抑え込んでしまっています。

服が汚れることなど気にせず、自分のしたいことに没頭できる子は、集中力の高い子に育ちます。どろんこ遊びを通じて手で土の冷たい感触を味わい、どれくらい水を含ませたらどう変化するのか、そんな実験を日々していることも忘れないでください。また、お絵かきも色鉛筆でちまちま描くよりも、大胆に筆を使って描くことで、想像力が培われ、表現力も向上します。

ダイナミックに遊んで、手や洋服、家の中を多少汚しても気にしないくらいのお母さんのほうが、強くたくましい子を育てます。ふすまが破れていても、落書きがあっても子どもが小さいうちは当たり前です。小学生以下の子どもがいるのに、モデルルームのような美しい家は、気味が悪いと私などは感じてしまいます。

子どもの持っているエネルギーをたくさん発散させるためにも、どろんこ遊びは子どもにとって「アメ」です。たくさんやらせてあげてください。

アメ 「お手伝い」は大人に近づくための「アメ」になる！

子どもは誕生日がくるのをとても楽しみにしています。「もうすぐ4歳だから」とか「5歳になれないと困るから自分でやる」などと話すのを聞くと、子どもたちが早く大きくなりたい、大人に近づきたいと思っていることがわかり微笑ましく思えます。

大人の真似をしたい気持ちを叶える一番の方法は「お手伝い」です。最初は家族の箸を並べるとか、コップを用意するといった簡単なことからはじめましょう。そしてできたら「すごいね」「お母さん助かるわ」「ありがとう」とたくさん褒め、お礼を言ってあげてください。

お手伝いの種類を少しずつ増やしていくと、料理にも興味を持つようになるでしょう。野菜を洗う、かき混ぜるなどの次は、野菜を切ることにも挑戦させてあげましょう。お母さんにとっては料理の時間がかかり面倒かもしれません。しかし、お母さんと同じことができるようになることは、子どもにとっては大人のステップを一つひとつ上っていくようなもの。嬉しくて仕方ないご褒美、つまり「アメ」になるのです。

お手伝いをしてたくさん褒められると、自分が「この家になくてはならない存在」であることを認識します。人から頼られる存在になれたということは、「生まれてきてよかった」という自己肯定感が育つことにも繋がるのです。

6歳になったら、家事の中で一つ、その子の担当するものを決めてあげましょう。鉢植えに水をやる、ポストから新聞をとってくる、洗濯したタオルを畳むなど、簡単だけれど毎日しなければならない仕事がいいでしょう。

慣れてくると「今日はやらなくていいでしょ」とサボろうとするかもしれません。しかしそこはゆるぎなく、継続させる方向で話をしましょう。

「毎日◯◯ちゃんがやってくれるから、お母さんとても助かっているの。それにお母さんより上手にできるようになっているわ」と自尊心をくすぐるような会話をして、毎日やることを約束させましょう。

お手伝いを継続してできるようになれば、忍耐力も高まり、勉強やスポーツでもコツコツやることが苦ではない子に育っていきます。

ムチ

本格的な「善悪」をつけるしつけはムチで！

本格的なしつけはこの時期に徹底して行います。

社会的なルールでいえば、信号、横断歩道などの交通ルール、スーパーやレストラン、乗りもの、病院など、不特定多数の人が集まる場所でのマナー、挨拶などがこの頃に覚えて欲しいことです。

これらはその都度、教えていくしかありません。

- 赤信号を渡ろうとしたら「ダメ。赤は止まろうね」
- 電車内で騒いだら「ダメ。静かにしようね」
- スーパーで走ったら「ダメ。歩こうね」
- 人とぶつかっても何を言わないのなら「ダメ。謝ろうね」

というように、ダメなことに必ず「ダメ」と指示を出してください。善悪の区別をつけるためには、「ダメなものはダメ」と教え続ける以外にありません。

子どもは教えられても一度や二度では覚えません。すぐに忘れてしまいます。何度も何度も「ダメ」を繰り返して覚えさせましょう。

お母さんにありがちなのは「よその人に叱られるわよ」「怖い鬼が来るわよ」といった

「他者に怒られるからやってはいけない」と説明する方法です。これは絶対にやらないでください。誰かに怒られるからやってはいけないのではなく、ダメだからダメなのです。

対して、お父さんは迫力満点の声で「やめなさい！」「コラッ！」と怒鳴るような叱り方をすることがあると思いますが、これも3〜6歳の間はできれば控えて欲しいのです。感情をあらわにせず、抑えた声で「ダメ」と言うようにしてください。0〜3歳で厳しく叱ると、一生親を怖がるようになります。3〜6歳でも、まだきつく叱られると親におびえることが多いのです。とくに女の子に対しては、お父さんは感情に任せた叱り方をしないように気をつけましょう。

ムチ

「買って！　買って！」とダダをこねた時は

ダダをこねはじめる時期にさしかかります。お母さん、お父さんは子どもの主張に対して、今日はOKするのかNGとするのかをはっきりと決断しなければいけません。その決断結果は、同じようなダダをこねても、日によって違って構いません。ただし、「今日はNG」と決めたら、その日は何があってもダメを貫いてください。

スーパーの床に寝転んで「お菓子を買って！　買って！」を連呼するようなケースで考えてみましょう。

パターン①「今日は買ってあげる。でも次は買わないよ」
パターン②「今日は、お菓子は買わない。でもジュースを買おうね」
パターン③「今日はお片付けが上手にできたから、買ってあげる。でもいつも買うわけではないからね」
パターン④「今日は買わない」

4つの例を挙げてみました。どれも正解です。今日は絶対に許さないと決めたならパターン④になりますが、パターン①の日があってもいいのです。親の都合で日によって、発言内容が変わることは問題ありません。むしろ、「いつもいつも同じ状況ではない」「答えは一つではない」というフレキシブルな考え方ができるようになることが大切だと考えてください。

だからといって、「買わない」と一度言ったのに、泣き止まない子どもに根負けして「じゃあ、今日だけね」と前言撤回することは絶対にしてはいけません。「ダダをこねれば思い通りになる」と子どもに思わせてしまうことは、何としても避けなければならないのです。その日の子どもの「イヤ」に対しては、一貫してその日1日同じ態度を取り続けてください。ダダをこねる子どもには、なだめたりきげんをとったりせずに、放っておくのが一番なのです。

もし途中で態度を変えてしまうと、子どもはお母さん、お父さんのことをコントロールできると思うようになり、親が子の奴隷のようになってしまいかねません。子どもは泣いたり、わめいたり、時には暴力を使って親に言うことをきかせようとします。どうしても親が言うことをきいてくれなければ、そのワガママをおじいちゃん、おばあちゃんに求め、何が何でも欲しいものを手に入れようとするでしょう。こうなると親の言うことに耳を傾けない子になってしまいます。

親が奴隷のようになってしまうと、中高生になったときに家庭内暴力を起こしたり、他者をいじめるような振る舞いをする子も出てきます。自分の欲望を満たすことだけに執着して、我慢をすることができず、人が悲しい気持ちになっていることにも気がつけないのです。

ムチ

自分の後始末は自分でさせる！

子どもの後始末をやりすぎるお母さんは、子どもの挑戦する力を奪っています。服を脱ぎ散らかせば服をひろって歩き、水をこぼせば拭いてあげ、食事の後は口の周りをぬぐう……。

本来、自分のしたことは自分で最後まで仕上げるのが基本です。脱いだ服をどこに入れるのかを教えてあげて、入れるのは自分でさせましょう。水をこぼしたのなら、雑巾のある場所を教えてあげて、自分で拭かせればいいのです。完璧にできていなくても「よくできたね。自分のことが自分でできるのは、すごいことだよ」と褒めてあげてください。

基本は「自分のことは自分で」です。手を出しすぎないように、お母さん、お父さんは見守り役に徹するようにしましょう。

ムチ

おじいちゃん、おばあちゃんに預けすぎは厳禁

孫が一人だけというおじいちゃん、おばあちゃんが増えてきています。そのため、孫への愛情がとても強く、孫のためなら何でもしてあげたいと思う方が多いようです。そんなおじいちゃん、おばあちゃんに子どもを預けたらどうなるでしょうか。

普段、お母さんが「ダメ」と決めたルールは簡単に破られ、望ましくないおもちゃを買

い与えられ、テレビも見放題。このようなことが数日から数週間続いたら、子どもは甘えてばかりで我慢のきかない「折れやすい子」に育ってしまいます。

ですから、しょっちゅう実家へ子どもを預けるというのは考えものなのです。「おじいちゃん、おばあちゃんに預けたらわがままな子になった」と言われても、おじいちゃん、おばあちゃんは困ってしまいます。子育ての責任は、お母さんとお父さんがしっかりと持ち、おじいちゃん、おばあちゃんに預ける回数はできるだけ減らしていくようにしましょう。

ムチ

背伸びしたチャレンジをさせる！

越えるのが難しい壁にぶつかった時には、それを乗り越えようとするチャレンジ精神と、失敗を怖れない勇気が必要になります。そうした力は、実際に少し難しいと感じることにもたくさん挑戦して、失敗や成功した体験によってついていくものです。

そこで、週末や長期の休みを利用して、いつもとは違う環境に出かけてみるのはおすすめです。その年齢では少し大変かな、と思うような行程にチャレンジさせましょう。

こうしたチャレンジをさせるためには、子どもに「やりたい」と思わせる準備が必要です。

たとえば山登りにチャレンジさせるケースでは、普段の散歩や買い物の途中で、遠くに見える山を指差し、「山って高いね。山のてっぺんからは何が見えるのかなぁ」「雲に手が届きそうだね」など、山をテーマにして子どもとたくさん会話をします。近所に山がなければ、山の描かれた絵本を見ながらでもいいでしょう。

何日かかけて子どもが山に興味を持ったら、「一緒に山登りしてみようか。お母さん、バテちゃうかもしれないけれど、〇〇ちゃんと一緒なら頑張れそうな気がする」と、子どもと一緒にやりたいというお母さんの気持ちをアピールします。そして子どもがやる気になってくれたら、チャレンジです。実際に登るのは、小高い丘程度でも構いません。

お母さんとお父さんの励ましがあれば、子どもはきっとやりきります。弱音を吐いても、「お母さんも頑張るね」と一緒に頑張っていることを伝えてください。そうやって頂上まで行ったら、日常とは違った刺激を受けることができるでしょう。素晴らしい景色、疲れたあとのお弁当の味、見たことのない花や昆虫、そして何より、お母さん、お父さんと一緒に頑張った達成感を味わうことができるのです。

辛いことを頑張った経験をたくさん持っている子は、少しくらいの失敗や困難には負けない強い心を持つことができます。小学校入学前に、親と一緒にできる「ちょっと辛い経験」をたくさんさせてあげましょう。

［第6章］

【折れない子を育てるステージ④：6〜10歳】

自分の意思を発信する「コミュニケーション力」を鍛える

入学前の余計な準備や勉強はいらない！

いよいよ小学校入学です。入学直前になると、お母さんたちは「1年生になるのだから」と、小学生がどれだけ大変かを力説し、子どもの自立を促そうと必死になります。

しかし、これまでの育児で「ダメなものはダメ」と善悪を教え、基本的な生活習慣が身についている子であれば、小学校は幼稚園よりもずっと楽な環境です。幼稚園はお遊戯会や発表会、運動会など頑張らなければいけないイベントが次から次へと催されます。特に年長さんは年下の子たちの面倒をみなければならず、5～6歳にして先輩の役割を果たさなければならないのです。

それに引き換え、小学校1年生はちょっとしたことで「かわいい！」「お利口さん！」と褒めてもらえますから、親が思うより楽なのです。もちろん、新しい環境は緊張するものですが、特別に気負わせる必要はありません。

「小学校は楽しいところ」「お友達がたくさんいるところ」「いろいろなことをさせてもらえる場所」というように、ポジティブな情報を与えてあげてください。

小学校入学までに平仮名をマスターさせるとか、簡単な足し算、引き算くらいできるようにしておかないと……などと学習面で焦る必要もまったくありません。子どもが字に興味を示したら、そのときに「これは『あ』だよ。アイスクリームの『あ』だね」というように、教えてあげればいいのです。

50音をきれいに書かせる練習をさせるくらいなら、お絵かきや工作をたくさんして、指先をたくさん動かし、感性を磨いておくほうが将来の学習能力の発展には役立つはずです。日本の教育システムは、平仮名を知らない状態で入学することを前提にカリキュラムが作成されています。入学までは、「勉強」という名前のつくことはさせずに、さまざまな経験をさせることに重きをおいてください。

兄弟姉妹と比べない。愛情は均一にかけること

小学校に入学すると、子どもの世界はますます広がります。身近な社会の仕組みを理解し、人間関係を俯瞰で見ることができるようになってきます。

乳幼児期は一番長く一緒にいる人、多くの場合はお母さんが子どもにとってはいちばん

大切な存在でしたが、この頃になると、お母さんとお父さんを同格として見るようになります。

そして、お母さんとお父さんの関係、自分とお母さん、兄弟姉妹とお母さん、それぞれが「仲良し」なのか「仲が悪い」のかを推察したり、自分と兄弟姉妹が同じように扱われているのかを考えたり、人間関係の構図を自分なりにつくりあげていくのです。

ですから、夫婦の仲がよいのはもちろん、意識して兄弟姉妹を比べることなく、区別差別なく扱うようにしなければいけません。

小児科で診療していると、「下の子は愛せるのですが、上の子とは相性が悪いようで好きになれません」とか、「下の子は手がかかりすぎるので、祖母に預けようかと思っています」などと平気で発言するお母さんやお父さんがいます。

もちろん親子といえども別の人間です。相性があるのも事実でしょう。しかしこうした問題は、お母さんに母性、お父さんに父性が育っていないために起こるトラブルです。親自身が育った環境に問題があった可能性があります。

もし、お母さん、お父さんが「子どもを愛せない」「育児をやめたい」といった悩みを持っているなら、ご自身がカウンセリングなどを受けて、自分の心の問題をまず解決しましょう。子どもに歪んだ愛情を押しつけることのないようにしたいものです。

「教わること」が上手になるために、親ができること

今までは育児の中心はお母さんであり、しつけや道徳の多くはお母さんから教えてもらっていました。小学校に入ると、「教えてくれる」大人が増えます。学校の先生、習い事の先生、近所の方など、たくさんの大人がそれぞれの立場で、いろいろなことを教えてくれます。子どものほうも、お母さん以外の人の言うことに耳を傾け、その内容を吸収できるようにまで成長してきているのです。

小学校時代は「教わる時期」といってもよいでしょう。お母さん、お父さんは「人の話を聞く」ことの大切さを、身をもって教えていきましょう。それには夫婦間の会話が大事になります。目も見ることなく、生返事だけ、お母さんが「聞いているの？」と怒り、お父さんが「聞いてるよ！」などというやり取りをしていないでしょうか。人の話は目を見てじっくり聞く、相槌を打つ、返答をするというコミュニケーションの基本を両親が手本

となって見せなければいけません。

そして、お互いに注意し合い、褒め合うシーンも見せてあげましょう。

「お父さん、新聞を広げっぱなしですよ」「ごめん。今、片付けるね」

「お母さん、今日の料理とってもおいしいね」「ありがとう、またつくるね」

というような会話をたくさん聞かせてあげてください。人の話を聞く、人の注意を受け入れる、お礼が言える……などは、人から「教えてもらう」姿勢の基本です。6年間の小学校時代に、たくさんの「教え」を子どもが吸収できるように、夫婦のコミュニケーションを見直してみてください。

体力のある子、学力テストの結果のいい子の生活習慣とは

早寝、早起き、朝ごはんが大切なことは、これまでの章でも伝えてきましたが、小学校に入るとさらに、十分な睡眠と朝ごはんは大切な生活習慣になってきます。これについては、国の調査データで証明されているので見ていきましょう。

まず、体力面です。睡眠時間が8時間未満の小学生は、体力テストの結果が平均値を下

［図表7］睡眠時間と体力テストの結果

睡眠時間と体力テストの結果

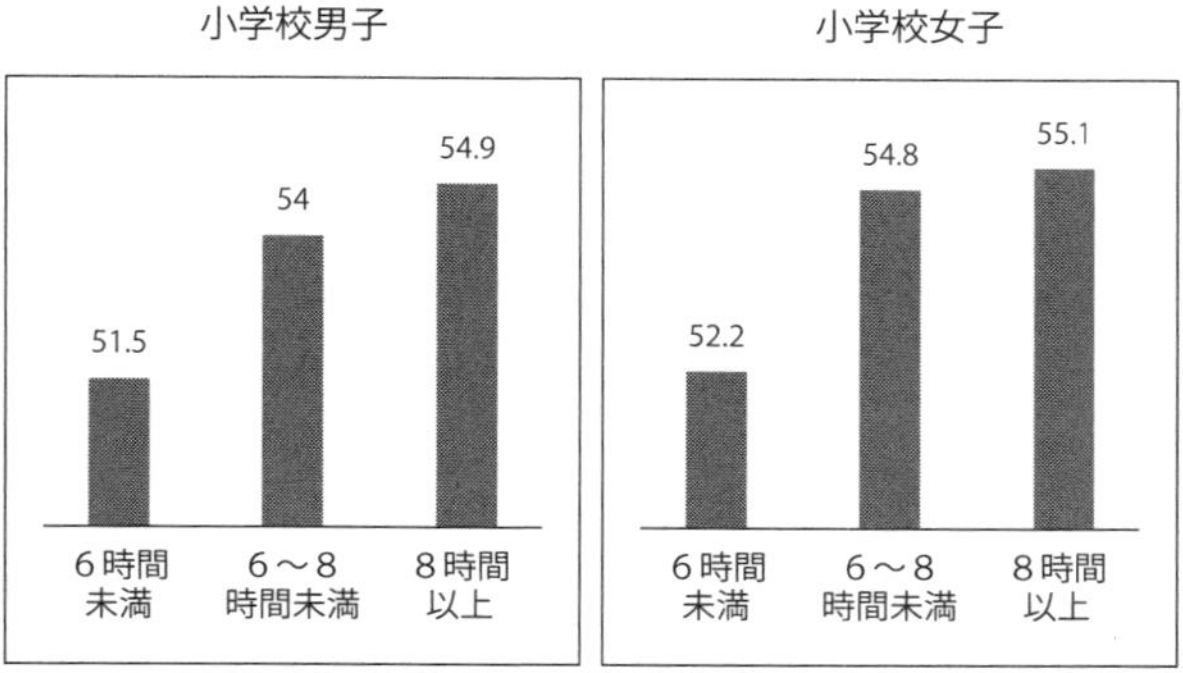

出典：「平成 25 年度体力・運動能力調査の結果について」／文部科学省　報道発表より

朝食の摂取状況と体力テストの結果

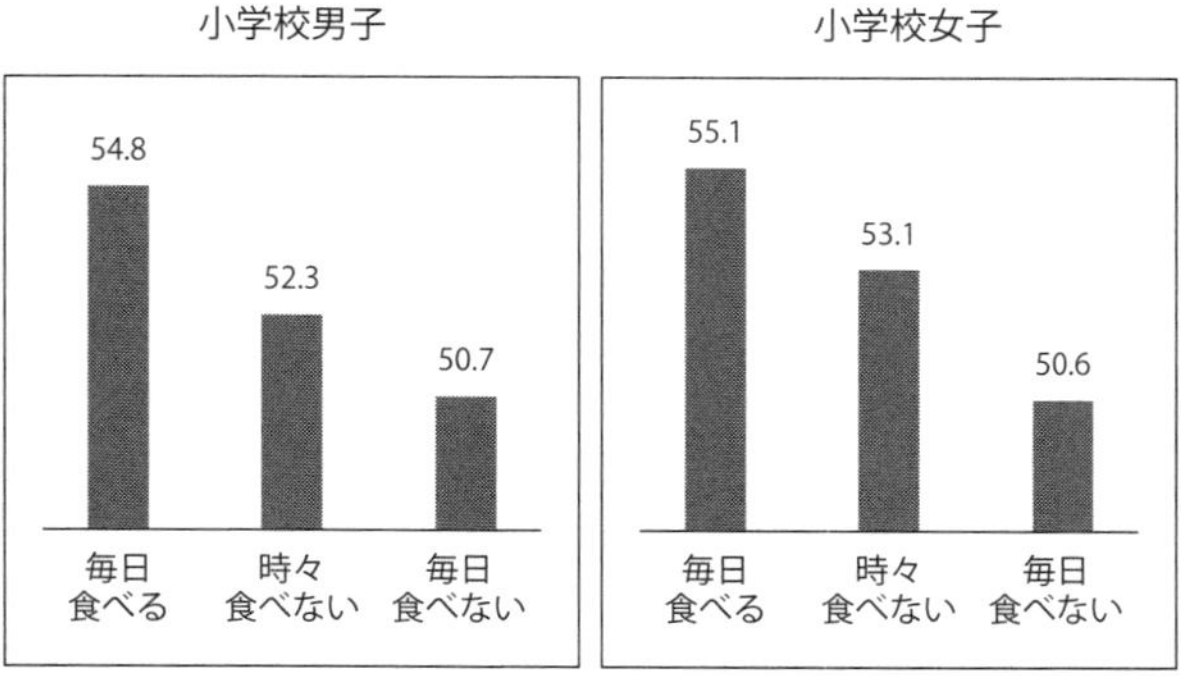

出典：「平成22年度 全国体力・運動能力、運動習慣等調査」／文部科科学省

回っています。また、朝ごはんを「時々食べない」「毎日食べない」子も、体力が平均以下であることがわかります。

つまり、平均的な体力をつけるには、朝ごはんをしっかり食べ、8時間以上の睡眠を毎日とることが必要だということです。

次に、学習面を見てみましょう。「朝食を毎日食べる子」と「朝食を全く食べていない子」では、小学生、中学生とも、調査を行った教科すべてで食べている子のほうが学力テストの結果が良好でした。欠かさず朝食を食べている子は、朝、バタバタと寝起きのまま登校するようなタイプではないでしょうから、睡眠時間もある程度確保できていると予測できます。

学習面においても、十分な睡眠と毎日の朝ごはんが重要であることが、はっきりとおわかりいただけると思います。

頭のいい子に育てたい、スポーツのできる子になって欲しいと願って、塾や習い事でスケジュールをいっぱいにしてしまうことは本末転倒なのです。子どもの睡眠と朝ごはんの時間を確保することは、お母さんとお父さんの義務だといってもよいでしょう。

[図表8] 朝食の摂取と学力調査の平均正答率との関係

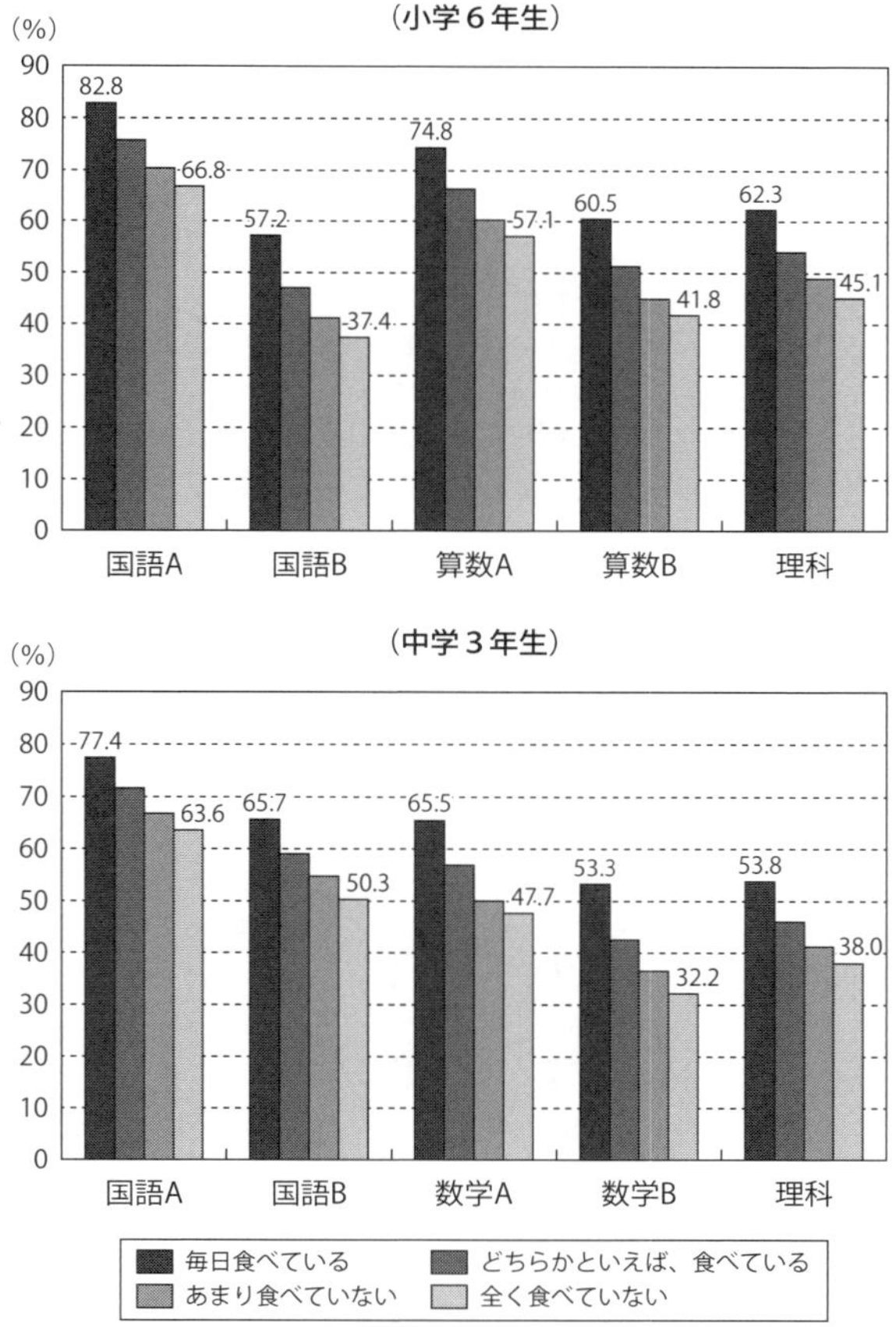

（出典）「平成24年度全国学力・学習状況調査」／文部科学省より作成

知的好奇心を高める会話術

新しいことを知ることは本来嬉しいことです。しかし、「勉強」「授業」となると、せっかく新しい知識を身につけられるのに「嫌だ」「面倒くさい」と思ってしまうのはなぜでしょうか。

大人でも興味のない内容の講演を聞いたり、仕事上、仕方なくテキストを覚えるのは苦痛です。しかし、興味のあることであれば、もっと調べてみたい、造詣の深い人に話を聞きたい、実際に足を運んで確認してみたい……と、知識欲が生まれます。

子どもも同じです。何の知識もない、興味もないことを教わっても、「それって何？」「どうしてなの？」とワクワクドキドキすることは難しいのです。

たとえば小学校低学年の「生活科」では

・学校探検
・草花や虫を探す
・四季を探す

といった内容を学習しますが、「四季を探す」というテーマでは、「公園に行って秋を見つけ、それらをクラスのみんなに紹介する」といった課題が与えられることがあります。もし、秋についての知識がなければ、クラスのみんなと公園に行き、落ち葉やどんぐりを拾ってきて簡単に工作をして終わり、となってしまいます。

しかし、黄色くなる葉と赤くなる葉、緑のままの葉があることを知っている子は、「どうしていろんな色に変化するのかな？」「冬になって葉っぱがなくなっても、木が枯れないのはどうしてだろう？」と、ひとつ先に踏み込んだ疑問を持ちます。ですから先生の話にも興味深く耳を傾けることができるのです。

小学校3年生からはじまる理科や社会は、知識と実生活がリンクしてこそ興味が持てるようになる科目です。日常の中で、親子で下準備となる会話をたくさんしてきた子は、学習意欲を駆り立てられることになりますが、何の知識もない子には、苦痛な時間になってしまいかねません。

満月の夜は、親子で月を見て「まん丸いお月さまは、寝る時間、いつもあの場所にいるね」と話しておけば、満月がどの方角にどのくらいの高さで、何時頃見えるのかを知ることなります。朝、子どもに東側のカーテンを開けさせ、「朝はこっちの方角が眩しいね」、夕方は西側のカーテンを閉めさせ、「夕方は反対側が眩しいね」と話せば、日の昇る方角と、沈む方角が異なることを知ることができます。

家族で出かけた後には、地域の地図や県の地図、日本地図を使って、どこまで行ったのか確認してみるのもよいでしょう。

難しく考える必要はありません。お母さん、お父さんの目に映るもの、大人にとっては当たり前のことを口に出してみる、検証してみるだけでいいのです。子どもの知らない言葉を使っても構いません。かえってそのほうが、子どもは大人扱いされたと感じて喜ぶものです。子どもの好奇心の向上は、家族の会話力にかかっているとも言えるのです。

親が笑顔で生活することが、子どもの未来を明るくする

幼稚園の年中くらいから、子どもは「大人になったら◯◯になりたい」ということを言いはじめます。その頃はまだ夢がいっぱいで、ヒーローになる、アイドルになる、お姫様になるといった声が聞かれます。

小学校卒業時になると、なりたい職業は具体的になってきて、男の子は、スポーツ選手、研究者、医師、ゲームクリエーター、エンジニア、教員が上位に、女の子は教員、医師、ケーキ屋・パン屋、看護師、漫画家・イラストレーターが上位となります（2013年に小学校を卒業した男女762人に行った調査結果：㈱クラレ）。

アンケート結果ではこのような結果が出ているのですが、実際、子どもたちに「何になりたい？」と聞いてみると、「別に……」「わかんない」と答える子がとても多く、驚かされます。中には「ずっとゲームだけしていられればいい」と真顔で答える子もいます。「一生？」とこちらが驚いて尋ねても、「うん。ゲームができれば楽しいから。他のことはしなくてもいい」と言うのです。具体的に将来の自分をイメージできている小学生は、大人が思っている以上に少ないと私は感じています。

本来、小学校低学年は、自分の将来をあれこれ考える大切な時期です。周りの大人や、さまざまな仕事をする大人を見て、「かっこいいな」「人のためになることを僕も（私も）してみたい」と、模索するのです。

つまり、あこがれの対象を目にすることで、「あんな大人になりたい」とイメージを持つのです。ですから、近くにいる大人はキラキラ輝いていなくてはいけません。もっとも身近にいるお母さんやお父さんが、どんなに忙しくても、毎日笑顔で生活していれば、子どもたちは「大人になるっていいな」「お父さん（お母さん）のようになりたい」と思うのです。親が嫌々生きていると感じれば、子どもは将来に希望が持てなくなります。仕事にやりがいを持っているお母さん、お父さんの姿はそれだけで子どもにとっては眩しい存在です。仕事でなくても、趣味の世界を存分に楽しんでいる大人も、子どもにとっては憧れの存在として映ります。

意欲をもって仕事のできる人間に育てる

お母さん、お父さんが前向きに生活していても、世の中にどんな仕事があるのかを知らなければ、子どもたちは夢を持つことができません。そのために、小学校には「社会科見学」というイベントが用意されています。消防署、警察署、裁判所、ダム、ゴミ処理場、工場などさまざまな仕事を行う現場を見学する機会があるはずです。

中学受験を目指している子どもを持つ親の中には、こうしたイベントの日は学校を休ませて自宅で勉強をさせる方もいると聞いたことがありますが、なんというもったいないことをしているのだろうと嘆かずにはいられません。

子どもにとって、仕事をする大人に会うことは貴重な体験です。本やテレビの中で働く人を見るのと、実際の現場の迫力はまったく違います。実際に見て、話を聞いて、「すごいなぁ」「かっこいいなぁ」と肌で感じることで、働くことの大変さと喜びを垣間見ることができるのです。

お母さん、お父さんには「職業差別」をしないことを心がけて欲しいと思います。前出のアンケートで、小学校6年生の保護者に「子どもに就かせたい職業」を尋ねると、男子の1位、女子の3位が「公務員」です。親は「安定」を求めていますから、気持ちはわからなくはありません。しかし、その子の人生は、その子が輝くためにあるのです。仕事に立派なもの、みっともないものなどありません。

どんな仕事でも、「大変さ」があり、「喜び」があること。そして意欲をもって働くことが素晴らしいのだと教えられる親であって欲しいと思います。

【6歳から10歳までの特徴と育て方】

大人社会を知る時期

6歳

母親から少し
自立し、
友達が増える

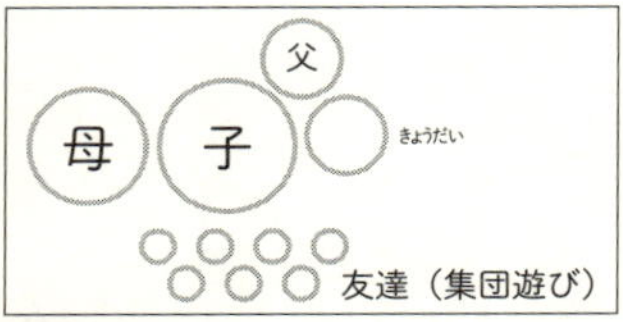

小学校に入学

入学前にむりやり勉強をさせる必要はない

いろいろな仕事をみせて
あげましょう

低学年

将来を考えはじめる

なるべくテレビやゲームは控える

10歳～

脳の発達が完成

10歳

- 間違ったことをしたら厳しく叱る
- 決まったお手伝いをさせる
- 朝ごはん、早寝早起きで基本的な体力をつける

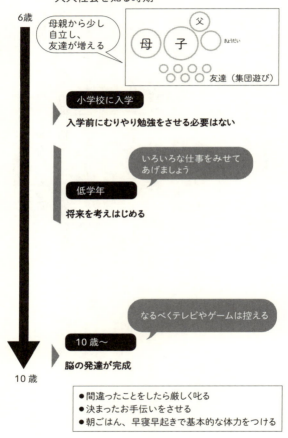

【6～10歳のアメとムチ】

人生の中で、もっとも「ムチ」が必要になる時期です。生活習慣、道徳、マナー、ルール、勉強、運動など、あらゆる面で「人から教えてもらう」ことばかりです。厳しく教えてくれる大人には感謝をして、しっかり話を聞ける「コミュニケーション力」を身につけさせましょう。

また、この時期も引き続き「忍耐力」を鍛える必要があります。「自分でできることは自分でする」と徹底することも大切ですし、失敗という「ムチ」もたくさん必要になります。安全な道、簡単な道ばかり選択させずに、年齢に対しては少し難易度が高いかな？というようなことにも挑戦させるようにしてください。

アメ

お父さんと2人だけの冒険に行く

今まではお母さんが育児の中心だった家庭も、小学校以降はお父さんの力がとても重要になってきます。お父さんのダイナミックな遊び方は、子どもにとって魅力的です。運動の得意なお父さんなら、スポーツを一緒にしてもいいですし、アウトドアが趣味ならキャンプに連れて行くのもいいでしょう。

お母さん抜きの冒険もたまにはしてあげてください。お母さんは細かい所に気づきすぎるところがあり、お父さんのダイナミックさを半減させてしまうことがあります。子どもとお父さんだけで、サイクリングに出かけたり、ハイキングに行くのも素晴らしい経験になります。

そしてお父さんと子どもだけの秘密を持つことをおすすめします。2人だけで食べたおいしいもの、河原で拾ったピカピカの石、お父さんのちょっとした失敗談など、お母さんには内緒にして、お父さんとの世界を持つことは、少し大人になった気分を味わえます。お父さんとの良好な関係は、子どもに自信をつけさせる「アメ」になるのです。

アメ

テレビは「アメ」として使う

小学校に入学すれば友達が増え、子どもには今まで知らなかった情報が入ってくるようになります。テレビ、ゲーム、おもちゃなどを今までは禁止していても、耳をふさいでおくことはできません。「アニメが見たい」「ゲームをやりたい」と、友達と情報や楽しみを共有するために、新たな要求をしてくるはずです。

テレビに関しては、小学校に入ったら一日60分までをめどに見せるのは仕方ないかもしれません。見せない方針を貫ければそれに越したことはありませんが、子どもにも子どもの社会があります。テレビは「決められた手伝いと勉強」をした日のご褒美にしてあげましょう。

ただし、いじめを増長させるような、昨今の過激な番組はおすすめできません。人をいじめたり、いじめられることで笑いをとるようなものは、子どもの感性にいい影響を与えるわけがありません。見せる番組は厳選したいものです。

テレビゲームやスマホは不要だと考えています。10歳までに基本的な考え方が固まると言われていますから、10歳までは脳を柔らかく使えるような遊びをして欲しいのです。ボードゲームやトランプなど、コミュニケーションをとりながら遊べるものを用意してあげるとよいでしょう。

アメ 結果より過程を褒める作戦で、自信を失わせない

小学校ではテストや通知表など、結果が数字でわかることが増えてきます。お母さん、

お父さんは、ついその結果に目が行ってしまい「点数が悪い」「成績が落ちた」と評価をしてしまいがちです。

しかし、この年頃は、まだ人と比べてその子を評価するのではなく、その子自身がどれだけ努力できたか、頑張れたかを評価の対象にすべきです。

10問の漢字テストで5問正解があったら「5問しかできなかった」ではなく「5問もできた」と言ってあげましょう。そして、間違えた問題は、どんな風に間違えたかを一緒に考えてあげるのです。全然書けなかったのか、途中までは書けたのか、ケアレスミスなのか。その過程を褒めてあげるのです。もし全然書けなかったのなら、「これから覚えればいいこと」だと安心させてあげて、練習するところを見ていてあげましょう。

自分でできることは自分でさせるのが基本ですが、勉強に関して「わからないこと」「できないこと」は、親が放置せずつきっきりで見てあげることも必要です。この時期は、最低限、学校の勉強についていければいいので、宿題やノートには目を通してあげてください。

ムチ

勉強の習慣は必要。1年生は15分!

小学校時代は「教えてもらう時期」だとお伝えしました。勉強ももちろん「教えてもらうもの」のひとつ。しかし、どんなことも教えてもらうだけでは、定着しないのが人間です。何事も練習は必須ですから、家庭学習も必要になります。

1年生になったら、毎日15分、自宅で勉強する習慣をつけさせましょう。いつやるかは、その家庭の事情もあるとは思いますが、できれば下校後、すぐがいいでしょう。

小学校低学年の子が、一人で集中して勉強できるのはせいぜい20分です。それ以上、座らせていても他のことに気が散ってしまい、効率のいい勉強はできません。宿題の出るクラスであれば、宿題だけでもいいですし、宿題がなければ、漢字と計算を5分ずつ、残りの5分で音読をする程度で構いません。毎日続けていれば、1週間で100分以上の勉強時間がとれるのです。1年生であればこれで十分です。

勉強場所は個室でなくて構いません。リビングなどお母さんがそばにいる場所が安心できるでしょう。集中している時は静かに見守り、気がそれてしまっていたら「やっぱり1年生はすごいね、ちゃんと勉強できて」と褒め言葉を使って、叱咤激励してあげてください。

ムチ

できることには手を出さない！

子どもがSOSを出した時は、できるだけ自分で解決させるように導きましょう。「自分で生きる力」をつけ、「できる」「やれる」という自信を持たせるためにも、甘やかしはダメです。たとえば、次のような場合、「○」の対応をすれば、子どもは自力で解決に向かいますが、「×」の対応をすれば、「お母さんがいることで楽ができる」ことを学んでしまいます。

「のどが渇いた」

○　冷蔵庫にお茶が入っているわよ

×　今、お茶を入れるから待ってね

「寒いなぁ」

○　もう1枚着れば？

×　トレーナー持ってくるから着なさい。エアコンの温度も上げるね

「友達との待ち合わせに遅れちゃう」

○　遅れたらきちんと謝りなさい。時間にルーズなのはダメよ

×　迷惑かけちゃうから、車で送ってあげるわ

小学校に入った頃には、面倒なこと、面白くないことは「やりたくない」という気持ちが芽生えています。ですから、何でもやってくれるお母さんになってはいけません。自分でできることに手を出すのは「過保護」です。絶対にお母さんは動かず、おだてるなり褒めるなりして、自分でやらせるようにしましょう。

ムチ

たくさん叱られた子は、社会性が高くなる

6歳未満のしつけは「ダメ」を貫き通すことでした。6歳以降も、引き続きしつけが必要で、本格的に「叱る」ことが大切です。もちろん、叱るといっても体罰や罵声を浴びせることではありません。いけないこと、人に迷惑をかけることをしたら、その都度、「いけないことである」と真剣に伝えるのです。

・約束を破ったら「約束を破るのはいけないこと」だと叱る。

・他人に迷惑をかけることをしたら「自分のことだけ考えるのはいけない」と叱る。
・忘れ物をしたら「忘れ物をするのは自分にとってマイナスになる」と叱る。
・人を悲しませたら「人の気持ちを考えずに行動するのはいけない」と叱る。

このような事柄は、毎日何かしらあるはずです。特に男の子は、やんちゃですから、叱らなければいけないことがたくさんあるかもしれません。それでも構いません。その都度叱ってください。叱りすぎてへこたれるような子であれば、そもそもやんちゃはしません。

学校の先生や近所の人にも遠慮なく叱ってもらいましょう。親が学校や先生に「うちの子を叱るな」と文句を言うケースもあると聞きますが、よっぽどのことがない限り、先生を信じて叱ってもらってください。親と先生では、叱るポイントが違います。さまざまな角度から子どもを見てもらい、いろいろな人に叱ってもらうことで、子どもは「こういうことは許されない」という社会のルールを覚えていくのです。親も子も「忍耐」の時期。しっかり叱る子育てを実践していきましょう。

ムチ

失敗を積み重ねて、本当の自信を手に入れる

叱られるのと同じくらい、この時期に必要なのが「失敗」する経験です。テストで間違えることも、手を上げて発言して誤った答えを言うのも、この時期にたくさんして欲しいのです。恥ずかしい思いをした子は、人の気持ちがわかる人に育ちます。

食器洗いの手伝いをして、大切な食器を割ってしまうこともあるかもしれません。学校の時間割を間違えて、授業参観の日に恥をかくかもしれません。そうした一つひとつの失敗を乗り越えることで、失敗しても大丈夫、次は失敗しないように頑張ろうと思える強さが生まれます。そして次に成功した時は、大きな自信を得ることになります。

ですから、失敗されたら困るからと、難しいことを子どもから取り上げてはいけません。一人で図書館に行かせてみる、少し遠くまで買い物に行かせるといった冒険をさせてあげることも必要です。

［第7章］

【折れない子を育てるステージ⑤：10～15歳】

自分の力で将来を切り開く「自立力」を養う

性格や考え方の修正ができなくなる年齢

10歳をすぎるとからだつきが徐々に大人っぽくなります。男の子は声変わりがはじまり、女子は初潮を迎え、精神的にも大人に近づいてきます。

親より友達を優先するようになり、親を煩わしく思うようになるのがこの時期です。親とは違う考えを持っていることを自覚し、それを主張するようになりますが、まだまだ自分だけではできないこともたくさんある年齢なだけに、親は「生意気」だと感じ腹立たしさを抑えられないこともあるでしょう。

お母さんによっては、子どもの反抗的な態度に悲しくなってしまう人もいるようですが、この反抗は正常な発達を意味しています。今までのような子ども扱いはできない、もう、親の力でどうこうできない時期に入ったのです。

思考を司る脳の前頭葉は、9歳までにほぼ完成し、それ以降は修正が難しくなると言われています。つまり、10歳をすぎたら、子どもの性格を直そうとか、考え方を親の思う方向に切り替えさせようとしても、所詮無理な話なのです。

ここまで育ててきたのはお母さん、お父さんです。その結果として、今その子が存在しているのですから、親はすべてを受け入れる覚悟をしなければいけません。そしてここから先は「見守る」ことをメインに、自立へのサポートをしていくことになります。

親への態度が急変。情緒は不安定に

親への態度はあからさまに変わってきます。女の子が父親を拒否することや、男の子が母親と外出することを拒むようになるのはよくあることです。嫌がることを無理強いしてはいけません。そっとしておいてあげましょう。

また、女の子はホルモンの変動にからだが慣れていないこともあり、情緒不安定になりがちです。イライラして怒りっぽかったかと思うと、急に明るくなったりと、扱いづらさを親が一番感じる時です。親が子どもの一挙一動に振り回されないように、大きく構えておきましょう。

親が友達のことを評価してはいけない

今まではいろいろな友達と遊び、「誰とでも仲良く」できましたが、個性が確立してくるこの時期からは、気の合う人と気の合わない人がはっきりしてきます。仲のいい数人で遊ぶことが多くなり、その友達には親にも話せない悩みを打ち明けているかもしれません。

子どもが自分で見つけた気の合う友だちについて、親が口出しするのはやめましょう。素行の悪い子だと噂があっても、子ども同士が信頼しあっている以上、否定はできません。ただし、一緒になって社会的に認められないことをしているような気配があれば、介入せざるを得ません。その場合も、友人を否定するのではなく、自分の子どもがしていることだけを聞き出し、やめさせるように促します。

親には何も話してくれないこともあります。その場合は、学校の先生やカウンセラーに相談をしてみてください。親以外の大人には、話してくれることもあります。親が声を荒げて追及するようなやり方ではうまくいかないものです。親は黙って相槌を打つだけ。氷を溶かすように、ゆっくりじっくり話をきいてあげることが大切です。

親もあとワンステップ大人の階段を上ろう

知的に大人っぽい考え方ができるようになり、発言そのものも立派になってきます。しかし、子どもたちには体験が圧倒的に足りていません。そのために虚勢を張っていますが、自信がなくイライラしているのです。

言うこととやることが伴わず、自分でも不愉快になり、それを大人が指摘するのでさらに葛藤が起き、情緒は不安定になるばかり。この不安定さこそ、第二反抗期の特徴であり、簡単に言えば、大人になる練習をしている時期です。6～10歳の時に思い描いた「こんな大人になりたい」というイメージに向けて、少しずつ実践をはじめているのです。

しかしそれも、なかなか思うようにはいきません。将来、外国で仕事がしたいと思っていたのに英語の成績が振るわないだけでも落ち込みますし、人の役に立つ人になろうと思ったのに、自分は人に嫉妬するばかりで役に立つことなんて何一つできないという思いが生まれれば悲しくなり、イライラしてしまうのです。

こうした心の葛藤を重ねて、人は成長していくわけですが、辛い気持ち、不安な心をそのままにしておけず、吐き出す先が親なのです。時には声を荒げ、時には親を完全に無視し、ある時は突然甘えてくることも。親の立場からすれば、何をどう対応してよいのかさっぱりわからないでしょう。

しかしわからないのは子どもも一緒です。子どもも「大人」の気持ちを理解できずに苦しんでいるのです。

「俺がこんなに苦しんでいるのに、なんでヘラヘラ笑っているんだ！」

「一生懸命努力しているのに文句ばかり言いやがって！」

これが子どもの心の声です。もちろん子どもの尺度で考えているわけですから、親からすれば「笑ってなんかいないわよ！」「一生懸命なんてやってないでしょ？」と言いたくなるところなのですが、そんなことを言えば火に油。

わかり合おうとしても、お互いにストレスがたまるだけです。わかり合えないということを素直に受け入れて「あなたのことは信じている。だから思い切り今を生きなさい」という姿勢を見せるだけでいいのです。子どもが反抗的なことを言ってきても、一歩下がって「嫌な気持ちにさせたのなら謝る。ごめんなさい」と言ってしまえばいいのです。

お母さんも今よりもうワンステップ、大人になってみましょう。

親を乗り越えさせる言葉がけ

反抗期が終わった子どもは、親に対して急に優しくなり、親をいたわるようにもなります。これは、子どもたちが親を乗り越えたことを意味するのです。

反抗期の最中は、子どもは親を乗り越えるために、必死にもがいているわけですから、親は上に立ってものを言うようなことはしてはいけません。大切なのは、子どもが選んだ道を認め、信じ、応援してあげることです。

同じ失敗を繰り返しても「またやったの?」などとなじらず、「大丈夫。あなたならできる」と言い続けてあげてください。

親は子どもの一番の理解者であり、サポーターであるという姿勢が、子どもを自立させるのです。

子どもの自立を見届けたら、きっぱり子離れすること！

大人になる練習を反抗期でしっかり行えば、もう大人の仲間入りです。自分で考え、未来を予測した言動をするようになります。たっぷり甘え、たっぷり叱られて育った子は、我慢する力も、人の気持ちを理解する力も育っています。安心してお母さん、お父さんのもとから飛び立たせてあげましょう。

友達や恋人が、お母さんやお父さんより大切な存在になることを、親は心から喜ばなければいけません。子どもの自立を見届けたら、次はお母さん、お父さんが自分自身のために生きる番です。子どもに頼らず、子どもとは別の世界で、お母さん、お父さん自身が輝くことが、子どもたちが安心して次の世代を生きるためには必要になります。きっぱり子離れすることが、育児の最終章なのです。

【10歳から15歳までの特徴と育て方】

親友ができ、深い人間関係を築く時期

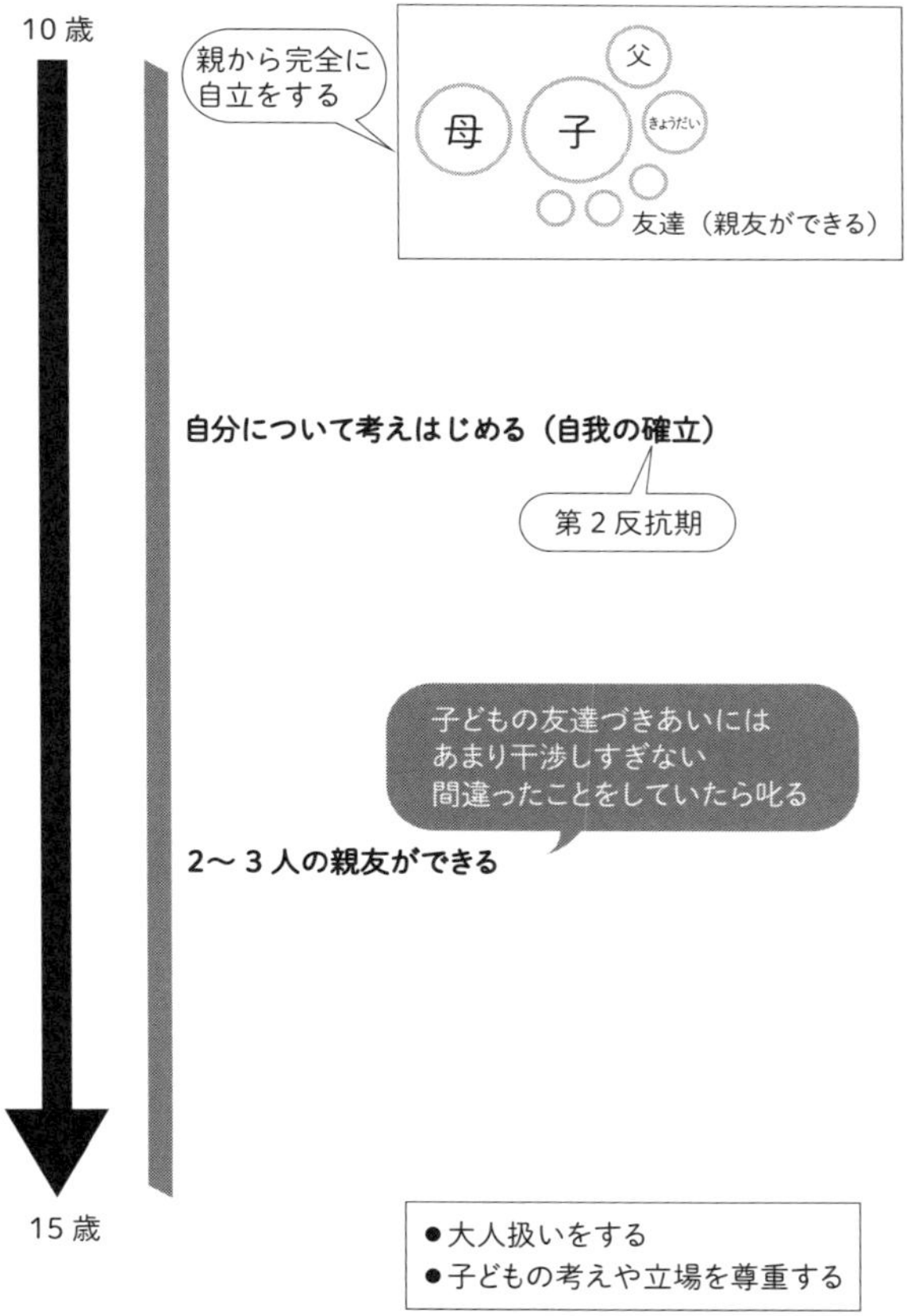

【10〜15歳のアメとムチ】

この時期には「ムチ」はほとんど使いません。どんなことがあっても、子どもを信じて「認める」「待つ」「受け入れる」ことです。さまざまなカタチの「アメ」を用意しておいて、もったいぶらずにどんどん「アメ」を与えてください。

アメ

子どもからの忠告を素直に受け入れる

自分なりの考えを自分の言葉で話すことができるようになり、友達ともただ遊ぶだけでなく、意見を交わし合うような場面も出てきます。お母さん、お父さんに対しても、「それは間違っている」と注意をしてくることがあるでしょう。そんな時には、「忠告してくれてありがとう。考え直してみるね」と、受け入れていることを伝えましょう。

アメ

親が子どもに相談をしてみる

自分の不甲斐なさにイライラしているこの時期の子にとって、もっとも嬉しいのが「頼られる」こと。学校では先輩後輩の上下関係があり、年下の子から頼られると面倒をみてあげているはずなのです。

家庭の中でも、「頼れる存在」にしてあげると、大人への自覚が芽生えてきます。女の子の場合はお母さん、男の子の場合はお父さんから、ちょっとした相談事をしてみましょう。

「最近、腹が出てきたんだけど、新しい腹筋運動のやり方を教えてくれないか？」

「髪を切ろうと思うのだけど、ボブにしたら変かしら？」

といった他愛のない相談でいいのです。機嫌が悪い時だと「キモ」とか「知らね～」と言われて会話が終了してしまうかもしれません。しかし数日経ってから「腹筋、この動画見てみなよ」「似合いそうな髪型見つけておいた」などと言ってくれることがあるのです。
頼られたことは子どもの自尊心をくすぐっています。「ありがとう」の言葉とともに、「やっぱり中学生の知識はすごいな」「おしゃれに関しては、かなわないわ」と添えておきましょう。おだてる必要はありません。素直に「あなたのほうがすごい」と伝えてあげられれば、それはこの時期の「アメ」になるのです。

アメ

達成感を味わえるチャンスを与えよう

親と一緒に旅行やイベントに出かけることを、もっとも苦痛に感じる年頃です。一緒に旅に行く計画をするよりも、一人で何かに挑戦させてあげるのが得策です。夏休みに新幹線や飛行機で親戚の家に一人で遊びに行かせてみるとか、スキーやアウトドアのキャンプに参加させるのもおすすめです。

親がいなくても自力で達成できたことは、子どもにとって大きな財産であり、自信となるでしょう。

アメ

いろいろな体験から好きなもの、没頭できるものを見つける

社会で暮らす限り、人は常にストレスと対峙していくことになります。そこで必要になるのがストレスを発散させるような趣味を持つことです。

大人になって急に趣味を持とうと思っても、なかなか没頭できるものは見つかりません。この時期に一生楽しむことのできる「好きなもの」をひとつでもいいので見つけられるのが理想です。

そのためには、見聞を深め、体験を増やすことです。音楽をライブで聞く、お芝居を観に行く、スポーツをする、楽器を弾く、特別なものを集める、旅行する……など、この時

期にはたくさんの経験ができるように仕向けましょう。

子どもだけでは危険な場所には、親が必ずつき添いますが、実際に体験をしている最中は、話しかけたり意見を言ってはいけません。あくまでも子ども自身が感じ、考え、体験することが大切なのです。

勉強や部活動で時間がないと親が決めつける必要はありません。家でゲームやスマホをする時間、テレビを観る時間をきりつめれば、体験はきっと可能です。やってみたい体験であれば、子ども自身が、時間の調整をつけてくれるでしょう。

ムチ

あえて叱らないという「ムチ」もある

同じ立場にある大人同士が、相手に間違っていることを指摘する時、「間違っているぞ」「ダメじゃないか!」と頭ごなしに押さえつけるようなことはしません。

それと同じで、10歳をすぎた子どもは、同等の大人だと思って話をする必要があります。子ども自身、いいことと悪いことの区別はもうついています。ですから自分のしていることが、善か悪かは理解しているのです。わかっていることを指摘されるのは、大人にとって屈辱です。ですから、本人が気づいているようであれば、あえて言葉にする必要はありません。悪いことをしたことに気づいているはずの親が叱ってこないということは、子どもにとってはとても緊張する事態です。叱ってもらえないことがわかると、子どもは悪いことをやめて、「責任は自分にある」と自覚するようになります。叱らないことが時には「ムチ」になるのです。

ただし、悪ふざけがすぎたり、調子にのって悪いことをしているような場合は、「自分がいいと思うことをしているなら何をしてもいいけれど、人に迷惑をかけるのは賛成できない」というように、理屈を通して話すようにしてください。それもネチネチ叱っては逆効果です。一回だけさらっと言ったら、すぐにその場を離れましょう。子どもは自分で考え、結論を出すはずです。

ムチ

「大人の先輩」としてアドバイスする

しかし、いくら子どもが大人になって自分で考えられるようになったとはいえ、まだ中学生です。完全に子どもから目を離してもよいというわけではありません。

この時期、子どもはいろいろなことに悩みながら成長していきます。時には自分の力だけでは解決できないことにぶちあたることもあるでしょう。また、道を踏み外しそうになることもあるはずです。そんな時は、やはり「先輩からのアドバイス」が必要になります。親は、自分の力で自立しようとする子どもを見守り、時には「大人の先輩」としてアドバイスをしてあげることが必要なのです。

もちろん、上から目線で叱ることは逆効果ですが、友だちにアドバイスをするような感覚で、「私はこんな時こうだった」「こうすればよいかもしれないよ」などと、さりげなく助け船を出すことはできるはずです。

［第8章］

放任主義は厳禁
子どもの「折れない力」は親が伸ばす

一歩一歩が大切な育児。一足飛びはあり得ない

発達段階に合わせた「アメ」と「ムチ」の育児は、ここまでに紹介した順番で進めます。赤ちゃん期はたっぷり甘える「アメ」の時期、幼児期は「アメ」を中心に「ダメ」を言い続ける時期。小学校低学年は「ムチ」、第二反抗期は再び「アメ」。これらを飛び越えることはできませんし、順番を入れ替えることもできません。年齢ごとに必要なしつけをされ、褒められ、知識を得ることで、子どもたちはバランスよく育つのです。どこかが欠けたり、順番を間違えれば、「折れない心」を獲得することはできず、未熟なまま大人になってしまいます。

もし、成長の過程で問題を感じた時には、第一段階に戻って育児をやり直さなければなりません。大人になってから愛着の不足が判明し、抱きしめてもらう、頭をなでてもらうというような心理療法を施すこともありますから、10歳未満の子どもであれば、やり直しは可能です。お母さんにたっぷり甘えられる環境をつくってあげてください。しつけが不完全であれば、「ダメ」を教えることからやり直しです。

もちろんやり直さずにすむことが理想ですが、軌道修正はできるのですから、お母さん、お父さんも失敗を怖れず、自信をもって「アメ」と「ムチ」の育児を実践してください。

15年間の育児に共通するテーマとは?

0〜15歳まで、どの段階の育児にも共通しているテーマは次の2つです。

・親子の信頼関係を築く
・強くたくましい子に育てる

信頼関係があれば、叱られても子どもは親を嫌いになりません。逆に信頼関係が築けていないのに甘やかされれば、それは主人と奴隷の関係です。子どもの側が一方的に親に「あれをして」「これをして」と命令するような関係になってしまいます。

信頼関係をつくる上で大切なのは、完全には放っておかないことです。構いすぎるのはいけませんが、放置しておけば、子どもは親の愛を感じることができません。

そしてもうひとつ信頼関係をつくる大切な要素は、親が子どもに嘘をつかないことです。「注射はしないから病院に行こう」とクリニックに連れていかれたのに予防接種をされれば、子どもは親の言葉を信じなくなります。

「今度買ってあげる」と誤魔化されたまま、欲しいものを買ってもらえなければ、親は嘘をつくものだと認識してしまいます。

たくましく、強い子に育てるには、嘘は排除しなければなりません。「必要だから予防接種をする」「そのおもちゃは必要がないから買わない」と、親の気持ちをはっきりと伝えれば、子どもは納得して我慢をするのです。

「便利すぎる生活」が子どもから冒険を奪ってしまう

最近は、環境的に生活が「楽」な方向に向かっています。エアコンで快適な室温が保たれ、行きたい場所があれば車で移動でき、暇があればいつでもお気に入りの動画を見ることができます。快適生活は「強くたくましい子を育てる」ことを妨げるものでもあります。

時には、あえて我慢しなければいけない環境をつくりましょう。

たとえば外出時にゲーム機は持ち歩かず、待ち時間や移動時間はつまらなくても静かに耐える、もしくは読書をさせるようにします。

習い事をさせるなら、車での送迎は最初からせずに、自転車や徒歩で行かせましょう。ちょっと不便、面倒くさいことであっても、それが子どもたちの力になるのです。

一人で通うことで、乗る予定だったバスに間に合わなかった失敗、道端で珍しい昆虫を見つける発見、困っていたおばあさんを助けて褒められた経験などをすることができます。そんな小さな冒険の繰り返しが、子どもの心を育てていくのです。

「イクメン」に苦言。お父さんはあくまで育児サポーターに徹する

ごく普通に使われるようになった「イクメン」という言葉。育児に参加するメンズ（男性）を短縮した呼び方ですが、実はこの言葉、厚生労働省が2010年にスタートさせた「イクメンプロジェクト」によって爆発的に認知度を上げたと言われています。

働く男性が積極的に育児参加できるように、育児休業を取得しやすい環境をつくり、社会的にも認められることを目的とした取り組みで、「イクメンプロジェクト」サイトまで公開されています。その中では各地で行われているお父さん向けの育児講習会や相談会の案内、各企業の「イクメン」推奨に関する取り組み、実際に「イクメン」を自称するお父

さんたちの紹介など、さまざまな角度から「イクメン」情報が発信されています。

確かに、女性が社会で地位のある立場として仕事をすることの多くなった昨今、お父さんたちが育児に関わることは、国をあげて応援すべきことだという考えは間違っていません。

しかし、40年間子どもとそのお母さん、お父さんに関わってきた医師の立場から言わせていただくと、乳幼児期の「イクメン」のあり方には少々危険を感じるのです。

たとえば「赤ちゃんをお風呂に入れるのはお父さんの仕事」と決めてしまい、お父さんが帰宅する時間が赤ちゃんのお風呂の時間になるというケース。もちろん、いつも夕方には帰宅して18時頃に毎日入浴させられるなら問題はありませんが、20時すぎに帰宅するとか、帰宅時間がまちまちなお父さんに合わせて入浴させていては、正しい生活習慣が身につかないだけでなく、子どもの睡眠の質に影響を与えかねません。もし、お父さんが育児に参加するのなら、子どもの生活サイクルに合わせることが絶対条件です。

また、育児休暇をとってお父さんが乳児の面倒をみること。これにも私は反対です。子どもが「歪み」なく成長するためには、母性と父性の両方が必要なのですが、乳児期に必要なのは圧倒的に母性です。子どもにとって母性とは、愛着を育てるために必要なもので、ベタベタと触り、たくさん声をかけてくれて、要求に優しく答えてくれるものでなくてはなりません。残念ながら、男性には母性は備わっていませんから、子どもが本能的に求める母性に応えることは難しいのです。柔らかい手、包み込むようなタッチング、心地いい声の質は、お母さんならではのものです。

育児休暇をとるのでしたら、赤ちゃんとお母さんができるだけベタベタできるように、お父さんは家事を手伝い、お母さんの頑張りに「ありがとう」と言葉をかける、育児サポーターに徹することです。

乳児から幼児になっても、子どもにとってはまだまだ母性が圧倒的に必要な時期です。この本のメインテーマである「アメ」と「ムチ」のことを考えても、6歳までの「ムチ」はお母さんの優しい「ムチ」でなければなりません。最近の若い男性は優しい人が多いとは感じますが、子どもにとって男性から「叱られる」ことは、「怖い」ことです。できればお父さんには「アメ」を担当してもらい、「ムチ」はお母さんに任せるほうが子どもの心を育てるにはいいのです。

[図表9] 子どもの頃の自然体験と大人になってからの意欲・関心などの関係

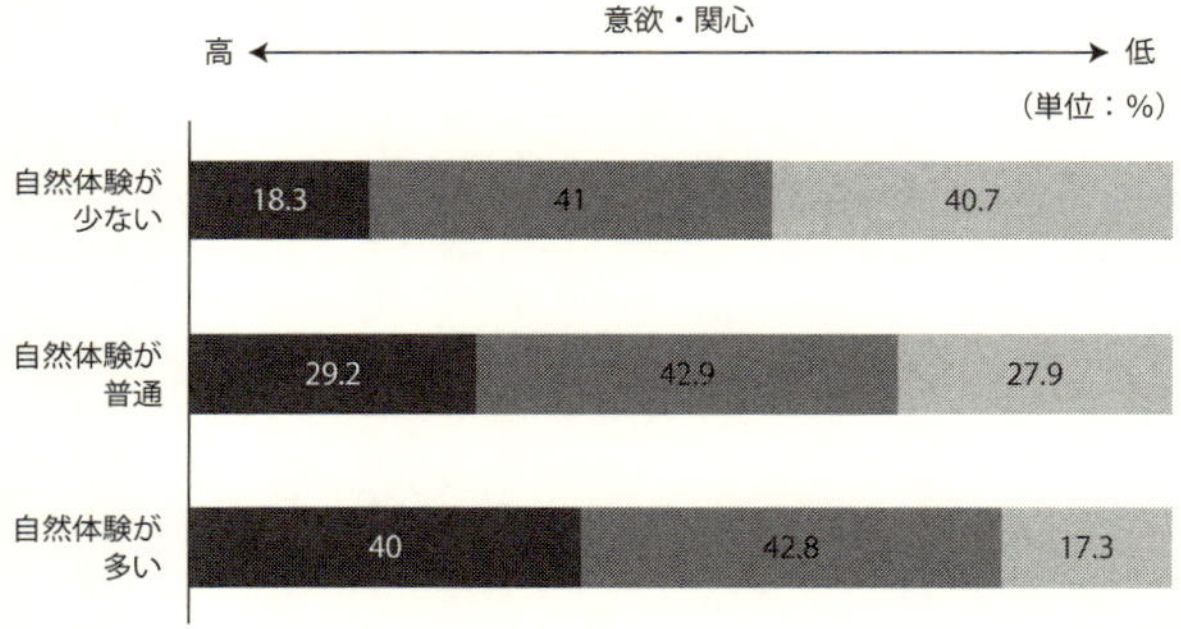

自然体験

- 海や川で貝を採ったり、魚を釣ったりしたこと
- 海や川で泳いだこと
- 太陽が昇るところや沈むところを見たこと
- 夜空いっぱいに輝く星をゆっくり見たこと
- 湧き水や川の水を飲んだこと

意欲・関心

- もっと深く学んでみたいことがある
- なんでも最後までやり遂げたい
- 経験したことのないことにはなんでもチャレンジしてみたい
- わからないことはそのままにしないで調べたい
- いろいろな国に行ってみたい

出典：「子どもの体験活動の実態に関する調査研究／独立行政法人国立青少年教育振興機構　平成22年調査」

「イクメン」が本領を発揮するのは6歳以降です。ここからはお母さんにはできない育児がたくさん待っています。「強さ」「忍耐」「挑戦」をお父さんと共有した子は、とてもいい子に育つのです。

とくに自然体験はたくさんさせてあげましょう。小中学生時代に自然体験が豊富だった人ほど、大人になってからも「何にでもチャレンジしてみたい」「何でも最後までやり遂げたい」という意欲や関心が高くなるという調査結果も出ているほどです。

「イクメン」そのものを否定しているわけではありませんが、昨今の報道などで「イクメン」が乳幼児の育児に深く関わることまで推奨しているように思えてならず、とても危険性を感じていました。この機会に「イクメン」の本当の存在意義をみなさんにも知っていただけたらと願っています。

親は子どものマネージャーではなく「サポーター」になる

今も昔も、お母さん、お父さんは自分の子どもに夢を持ちます。優しい子になって欲しい、人の役に立つ子に育って欲しい、リーダーシップの取れる子になって欲しい……。その思いは決して悪いことではありません。しかし、「こうでなければいけない」と決めつけることは親であっても許されることではありません。

昨今の育児書やテレビ番組、子育てをテーマにした報道などを見ていると、やりすぎではないかと感じるものが目立ちます。その背景には、「有名大学に合格させた親」や「トップアスリートを育てた親」にメディアが注目し、その子育て術を公開していることに関係しているのではないでしょうか。

子どもにノートのとり方を事細かに教えたり、親が子どもの勉強の準備を整えたり、自宅にスポーツトレーナーを呼んで指導させたりと、親が子にすべき領域を、遥かに超えて子どもに関わってしまっているのです。

そこまでして勉強をさせて、有名大学に入学させても、心が育っていなければ社会に出ても簡単なことで挫折することになります。ノーベル賞を受賞するような先生が、親に手とり足取り勉強を教わったなどという話は聞いたことがありません。彼らはきっと、疑問に思う力、予測してそれを実験する力、考察する力を、子ども時代に養ってきたはずです。

もちろん、類いまれな才能があり、将来オリンピック代表となるような子であれば、スポーツエリートとして育てる必要があるのかもしれません。しかし、スポーツの世界でトップに立つチャンスは、偏差値トップの大学に入学するよりもさらに狭き門です。

ひとつのスポーツに子どもを縛りつけて、それ以外の経験をさせないというのはとてもリスキーな育児だと言わざるを得ません。もし、小学校、中学校と特定のスポーツで地域トップになったとしても、高校、大学と進めば、さらに強い選手が集まってきます。そこで脱落した子が、生きる目標を失って辛い思いをすることは、残念ながらよくあるケースなのです。

お母さん、お父さんに望むのは、自分の子であるけれど、所有物ではないことをしっかり意識してもらうことです。そして、お母さん、お父さんを踏み台にして、乗り越え、大きく羽ばたけるように導いてあげて欲しいのです。

子どもを伸ばすために必要な基本的な力とは?

本書ではここまで、「折れない子」を育てるためのアメとムチについてたくさんの事例を交えながら紹介してきました。

多くの親たちは、子どもに対して「たくましく育って欲しい」「心の優しい子になって欲しい」「勉強ができる子になって欲しい」など、さまざまな期待を抱きます。もちろん、それら親の願いは、どれもかけがえのないものです。「折れない子」というのも、まさにそんな期待のひとつでしょう。

もちろん、そうした期待をかけて子どもたちを育てていくことは大切ですが、そうした考えにお父さんお母さんが逆に縛られてしまい、子育てがつらいものになってしまっては意味がありません。

実は、どんな子どもにも共通して必要な、基本となる伸ばすべき力があります。逆に言えば、この力を最低限つけさせておけば子どもは将来困ることはない、というものです。本書でこれまで紹介してきたことと重なりますが、最後にもう一度お伝えしておきましょう。

①未来志向性

未来に目標を定め、向かうための力です。将来どんなことをしよう、何になろう、と考え、それに向かって努力をするための力になります。

5歳ごろから「大きくなったら○○になりたい」などとよく子どもは口にしはじめます。これは、子どもが人間の社会を子どもなりに理解し、将来を考えはじめている証拠です。将来の夢を尋ねても「わからない」という子も中にはいますが、それは人間関係に未熟なところがある可能性があります。あまりに満たされた生活を送っていると、今の自分に満足してしまい、自分で頑張って何かを成し遂げようという未来志向性が育たないのです。

未来志向性を高めるためには、テレビやゲームのような誰かから与えられる遊びに多くの時間を費やすことはやめさせ、自分で工夫したり考えたりすることで達成感を得られる遊びをするように仕向けることです。また、一人でおつかいに行く、一人で塾に通わせる、など苦労をさせたり、計画を立てて実行させることも大切なことです。

小学校高学年になったら、夏休みの目標、1年の目標など、長いスパンでの目標・計画をつくらせてみましょう。「お母さんはこんなことをした」「お父さんはあなたくらいの時にこんな目標を立てて毎日実行していたら、1年後にこんなことができるようになった」といったような会話で、子どもの意欲を引き出すことも大切です。

②自己肯定

子どもは「自分一人でできた」という体験を通じてはじめて、自分に自信を持てるようになります。

三輪車に乗れた、自転車に乗れた、おんぶされずに一人で最後まで歩けた、水にもぐれるようになった、ピアノでこの曲が弾けるようになった……。さまざまな体験を通して、自信をつけさせてください。

中には勉強で自信をつけさせればよいと考えるお父さんお母さんもいますが、勉強で自信をつけさせるのはとても難易度が高いのです。どこまでできれば自信になるのかが曖昧ですし、勉強は誰でも嫌なものです。無理やりやりなさいと言われても、やる気は落ちる一方です。勉強以外のことで成功体験を増やせば、自分から努力してできる子になりますから、次第に勉強も頑張れるようになっていくはずです。

③言葉の発達

喃語、初語、2語文と、子どもは1歳前後から次第に言葉を話すようになります。はじめはお母さんの言葉をおうむ返ししていたとしても、次第に自分の言葉で意思を伝えられるようになります。

忙しいお父さんお母さんは、子どもが少し言葉を話すだけで「○○ということね」と先回りして子どもの意思を汲みすぎてしまったり、「忙しいから」と子どもの話をさえぎってしまうことがあります。しかし、子どもは話すことで言葉を身につけていきますから、焦らずに子どもの話をゆっくり聞いてあげましょう。

言葉は、人と人との繋がりの基礎です。言葉を通じて自分のことを理解してもらい楽しく過ごすことができるほか、自分の正当性を訴えることもできるので他者から自分を守る武器にもなりますから、いじめられにくい子になるはずです。また、聞く力も大切です。相手を理解することで、他人との関係性を強く築くことができます。

中にはテレビやビデオなどで、言葉を覚えさせればよいと考えている人もいるのですが、それによって子どもが自分から話す機会が減ってしまいます。2歳までは、やはりできるだけテレビを見せないようにして、話すこと、聴くことといったコミュニケーションの基礎を育てることが大切なのです。

④知的好奇心

3歳前後になると、子どもたちは「なぜ」「どうして」といった質問をたくさんするようになります。これは、知的好奇心が育っている証です。

子どもからの質問は「なぜ犬は犬っていうの?」「どうして空は青いの?」といったような、大人からすると答えづらい質問であることが非常に多く、忙しいお母さんお父さんはついつい「どうでもいいでしょ」「忙しいから今度ね」「そんなこと聞かれても、犬は犬なんだからしょうがないでしょ」といったような受け答えをしてしまいがちです。しかし、こうした答えは、子どもの好奇心の芽をつんでしまうことにほかなりません。将来勉強が嫌いな子どもになってしまう可能性があるので、注意しなければなりません。

こうした質問は、一つひとつ受け止めてあげてください。さらに一緒に調べてみたり、子どもに「なんでだと思う?」と質問し返して、一緒に空想を楽しむのもよいでしょう。知識を得たり想像を広げることで喜びを感じることができれば、子どもの知的好奇心はぐんぐん育ちます。

⑤人間関係の基礎

両親、兄弟、おじいちゃんおばあちゃん、保育園の先生、お隣のお姉ちゃん……。たくさんの人との優しいふれあいを経験した子どもは、人を嫌いになりません。人とうまく関わり、さまざまな知識を得ることができます。多くの人の助けを借りたり、逆に人を助けることもできる子になります。

人間関係の基礎は「家庭」です。家庭内の関係を築いた後は、近所や学校、親の友達、偶然乗った電車の車内……と世界が広がっていくにしたがって人間関係も広がっていきます。お父さんお母さんが社会から孤立していては、子どもの社会性も身につきません。親も積極的に友達と遊び、子どもを巻き込んでください。近所に親しい友達がいないという場合は、育児サークルや育児支援センターを利用したり、助け合えるママ友をつくるのもよいでしょう。買い物にも積極的に連れて行き、なじみの店をつくることも関係性を広げる方法のひとつです。

小さい子どもの育児となると、とかく家にこもりがちになって、親と子どもの1対1の関係だけになりがちです。子どものためにも、思い切って外に飛び出してみましょう。お父さんお母さんにとっても気分転換になりますし、子どもにとっては自分の世界を広げる素晴らしい経験になるのです。

子どもを伸ばすのもダメにするのも親次第！　焦らず子どもと一緒に成長していこう

子どもの成長に何より必要なのは、親子の信頼関係です。

子どもたちが世の中を強くたくましく生きていくための方法は、親子の関係の中でしか、学ぶことができません。どんなに高度な教育を受けさせてくれる学校でも、お父さんお母さんの代わりをすることはできないのです。

つまり、厳しい言い方をしてしまえば、子どもの可能性を伸ばすのもダメにするのも、親次第ということになります。

本書では、0歳から15歳までの育て方について丁寧に紹介してきたつもりです。しかし、世の中のお父さんやお母さんは、共働き家庭やシングル家庭など、子育てだけでなく仕事や家事にと忙しいのも実情です。子どもばかり見ていられない、というのも本音かもしれません。

しかしそうした家庭だからといって、子育てができないかというと必ずしもそうではありません。限られた時間の中で子どもとじっくり関わることで、親子の関係を築くことができます。家に帰ってきた子どもを、夕食をつくりながら観察したり、幼稚園であれば家への帰り道の間、子どもの話を聞いてあげるのもよいでしょう。「今日はどうだった？」と、すぐに答えを出そうとする必要はありません。毎日時間を決めて子どもを見ているだけで、元気がないな、とか楽しそうだな、など多少のことはわかるようになるはずです。そして、子どもが話しかけてきたら、できるだけ耳を傾けてあげてください。

また最近では、育児を頑張りすぎるあまり、先回りして子どもにすべてを与えてしまう親が非常に多いと感じています。過干渉になり、子どもが傷ついたり失敗したりしないように、手を出しすぎてしまう。子どもから嫌われるのを怖れて甘やかしてしまう。泣いたりわめいたりしないように、ゲームを与えておとなしくさせる……。こうしたことの積み重ねが、だんだんと我慢できない子どもを育ててしまいます。

盲導犬を育てる過程を想像してみてください。小さい頃は、犬好きの家庭でたくさんの愛情を受けて育ちますが、その後調教師のもとで厳しいトレーニングを積み、利用者のもとで盲導犬として生活するようになります。しかし、どんなに厳しいトレーニングを積んだとしても、盲導犬は調教師のことを嫌いになったりはしないはずです。それは、小さな頃にたっぷり愛情を受けて育ったことで「愛されている」ということを知っているからにほかなりません。人間もそれと同じで、生まれたばかりの頃からたくさんの愛情をかけて育てていれば、しかるべき時に厳しい「ムチ」を与えても、決して親を嫌いになったりはしません。ですから、お母さんお父さんは子どもに遠慮する必要はまったくないのです。

もちろん「ムチ」だけではよくありません。子どもたちは、時として大人が思いもつかない発想をし、行動に移すことがあります。こうした自由な発想を理解できないまま「いけないことだ」と決めつけて叱ってしまうことは、子どもの可能性を摘み取ってしまうことに繋がりますから、注意が必要です。

アメとムチのバランスをとるために必要なことは、頭ごなしにすぐ注意せず、まず観察することです。ワンテンポおいてから叱ることで、親自身も冷静になれます。ついカッとなって叱ってしまっても、あとから「あの時○○ちゃんがこうしたのは、こんな理由があったからなんだね。叱ってしまってごめんね」と謝ればよいのです。

どんな親でも、時には失敗することもあります。親ははじめから親になれるわけではありません。子どもと一緒に成長していくのです。子どもが1歳なら、お母さんお父さんも「親1歳」になるわけです。子どもと一緒に失敗したり成功したりしながら、ゆっくり成長していってください。

甘えさせる、褒める、叱る、待つ、励ます。そのタイミングを本書で理解してくださったお母さんお父さんは、育児の先が見えるようになったはずです。これからは少し肩の力を抜いて育児ができるようになることを願っています。

最後に、子育て中のお母さんから多く寄せられる悩みについて回答をさせていただきます。

【こんな時どうする?】「アメ」と「ムチ」Q&A

Q.1 幼稚園での出来事をあまり話さない子。どうやったら話してくれるようになるの?（5歳／男子）

やってはいけないのが「今日、どうだった?」という問いかけです。思春期の子にこの愚問を投げかけると「はぁ?」と怖い顔で睨まれるかもしれません。幼稚園児であっても「別に……」と無視されてしまう可能性があります。「どうだった?」と聞かれても、子どもからすれば「何が?」と逆に質問したくなるでしょう。

話したくない子に無理に話をさせる必要はありませんが、子どもたちは「話したいこと」を実は常に抱えているものです。嬉しかったこと、楽しかったこと、悔しかったこと、残念だったこと……。その日、心に残ったものをお母さんに聞いて欲しいのです。

ところが、「どうだった?」と聞いてしまうお母さんの多くは、子どもの言葉に対して

「それで？」「どうなったの？」「で、あなたはどう思ったの？」と矢継ぎ早に質問攻めにして、最後は「それはあなたにもよくないところがあったわ」と、お母さんの尺度で結論づけてしまうタイプの人が多いのです。

「今日ね〜」「Aちゃんがね〜」「つまんないんだよね〜」など、子どもがたった一言語りはじめたら、まず、お母さんは黙らなければいけません。子どもにしゃべらせる機会を与えることです。「聞いているよ」ということを示すために、子どもの目を覗き込んであげましょう。

そして子どもが話しはじめたら、オウム返しです。

オウム返しで聞いてあげると、子どもは自分が聞いて欲しいことを話せるのです。子どもは「誰に」や「いつ」よりも「嫌だった」気持ちを最初に受け止めてもらいたいものなのです。受け止めてあげれば、子どもは詳細を話しはじめます。

子どもの口から出るキーワードを聞き逃さないためにも、帰宅後の数十分は一緒の空間で過ごすことを実践するのもおすすめです。

子どもの話を引き出すには、オウム返し！

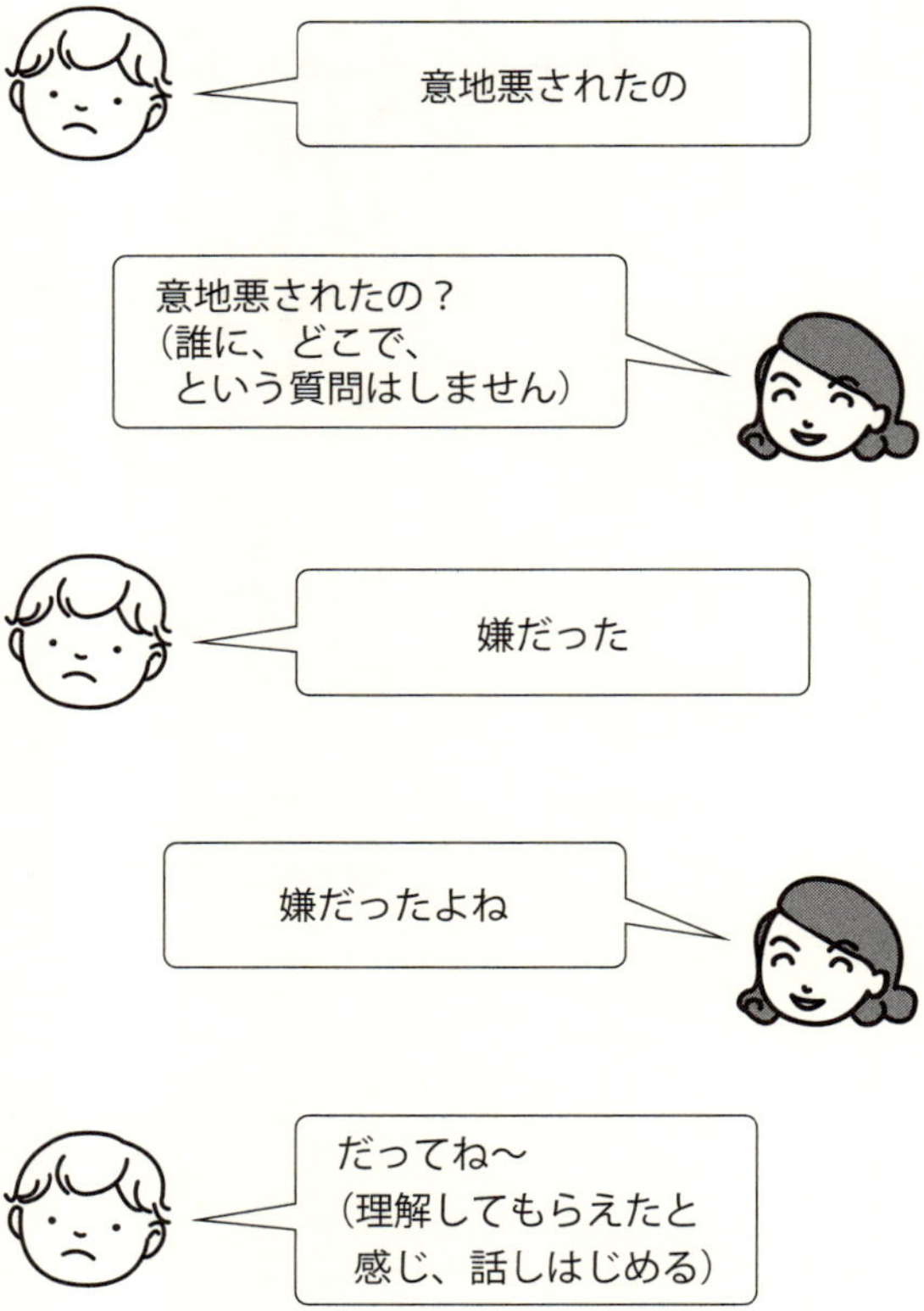
意地悪されたの
意地悪されたの？（誰に、どこで、という質問はしません）
嫌だった
嫌だったよね
だってね～（理解してもらえたと感じ、話しはじめる）

・子どもから言葉を引き出す「アメ」……聞く姿勢と、オウム返し！

Q.2

習い事をやめたいと言ったら、子どもの意思にしたがうべき？（7歳／女子）

基本的に習い事ははじめたら、ある程度カタチになるまでは続けさせるべきです。最低3年がめどだと私は考えています。しかし、これは1つだけ習い事をしているケースです。いくつも習い事を掛け持ちしている子は、なるべく早く整理して、せいぜい2つまでに絞ってあげましょう。生活が窮屈になってしまいます。

そもそも習い事は何のためにさせるのでしょうか。子どもが本当にやりたいことでしょうか。親がやらせたいことを無理強いしていませんか？

「習い事は親の方針でさせればいい」と主張する方もいますが、私は子どもにも「本当にやりたいことか」を十分考えさせる必要があると思っています。

ピアノを習うなら、おもちゃのピアノを買ってきて、子どもが夢中になるのかを試してみてください。スポーツも同じです。お母さん、お父さんが何度か遊びでつきあってあげて、「もっとうまくなりたい」「続けたい」と思うのかどうか、チェックしなければいけません。そうしないとすぐに飽きて「やめたい」「行きたくない」と言い出してしまいます。

習うのであれば約束をつくりましょう。体調が悪い時以外は絶対に休まないこと。家で練習しなければいけないものは、必ず毎日練習すること。一定のレベルになるまで（最低3年）はやめないことなどです。友達がやっているから、かっこよさそうだから、といった理由でスタートしても長続きはしません。ですから、自分で「やりたい」と言えるようになる6歳以降にはじめるのが理想だと思います。

・習い事の「ムチ」……休まない、練習する、3年間は続けることを目標に！

Q.3

考えなしに行動します。

思慮深くなってもらうにはどうすればいい？（8歳／男子）

幼い頃から計算問題や漢字を覚えさせる早期教育。その一番の弊害は、すべてにスピードを求めるようになってしまうことです。人生には、ゆっくりじっくり考える必要のある場面や、友達が意見を言うのをじっと待たなければいけない場面もあります。しかし早期教育を受けた子は、早く正解にたどり着くことしか頭にありませんから、紆余曲折して考える感性が育ちにくいのです。

思慮深くというのは、人の心を察知し、未来を予測しながら、慎重に物事を進める丁寧な思考のことです。そういった力にもっとも有効なのが読書です。とくに乳幼児期に読み聞かせをたくさんしてもらった子は「考える力」が育っています。

じっくりお話を聞いて、物語の中の登場人物がどんな気持ちだったのかを考え、その気持ちに寄り添う。そして、自分とは違う考えも受け入れられるようになっていきます。今回の質問の場合、すでに8歳ということですから、これからすべきは読書です。テレビを消して、家族で読書する時間を1日20分つくってみましょう。本を読むのが苦手な子であれば、読み聞かせでも構いません。さまざまな種類の本を読んであげましょう。

・思慮深く育てる「アメ」……読み聞かせをたくさんする！

Q.4 ママ友の子ども自慢を聞いていると、わが子が「だめな子」に思えてしまいます。（6歳／女子）

まず、子どもは親の作品ではないことを認識しましょう。お母さん同士の会話は、時に子どもの品評会になっていることがあります。歩けるようになった、おむつがとれた、しゃべった、平仮名が書けた、100点をとった、徒競走で一番になった、クラス委員になった、中学受験に成功した。さらには、偏差値の高い大学に合格、一流企業に入社と、子どもが成人しても続いていきます。

子どもはお母さんのために生きているのではありません。その子が、その子らしく、人生を楽しめるようにサポートすることがお母さんの役割です。子どもを自慢の材料にしたりよその子と比べても、何一つよいことはありません。

子どもの自慢話をするお母さんは、お母さん自身には自慢できるものがありません。つまり自分に自信がないのです。そういうお母さんは子どもに媚を売りますから、子どものほうが上の立場になってしまう傾向があります。そうなれば子どもはお母さんを尊敬することもなく、大人への憧れも育ちません。結果、小学生のうちから「高級官僚になりたい」などと口走ったりするような子になってしまうのです。

それよりは、お母さん、お父さんが自分に自信をもっていて、子どもがお父さんみたいに、お母さんみたいになりたいと思える環境で育つほうがずっと健全です。自慢話をするママ友とは、勇気を出して決別することも必要でしょう。

お母さん同士のネットワークは難しい部分もあると思いますが、お母さん自身が胸をはれるような友人関係を持つことも、育児には必要だと思います。

・ママ友の自慢話に勝つ「アメ」……お母さんが自分自身を好きになる！

Q.5 何度同じことを注意しても直らない。どうすれば心に響きますか？（12歳／女子）

「脱いだ服をハンガーに掛けなさい」「食べ終わった食器をさげなさい」「電気をつけっぱなしにしないで」などなど、お母さんは毎日、子どもにさまざまな注意を与えているでしょう。一度言ったら、言うことを聞いてくれれば叱らずに済むものをどうして……。と多くのお母さんが悩んでいるはずです。

小学校低学年であれば、何度も同じことを注意してもいいのですが、10歳をすぎたら、解決策はお母さんの忍耐しかありません。2～3度同じ注意をしたら、もう言わない。それだけです。ただし、すぐに後始末をお母さんがしてはだめです。服や食器のように、そのままにしておいても問題ないものは、そのままにしておきます。そして次の食事のときは、別の器にご飯を盛ってあげましょう。意地悪ではありません、お母さんも覚悟を決めるのです。年齢にもよりますが、ここまでされると子どももカチンときます。「わかったわよ！」と怒るかもしれません。でも、今日は食器を必ずさげるでしょう。そうしたら褒めます。「ありがとう。できることはお互い自分でやるほうがいいよね」とさらりと言いましょう。

きちんとできるまで放っておくこと。これが基本です。そしてできた時には褒める。この繰り返しです。注意しなければいけないことがたくさんあって、お母さんは大変ですが、忍耐です。

・言うことを聞かせる「ムチ」……できるまで放っておく「忍耐」も必要！

おわりに

本書を最後までお読みくださりありがとうございました。

最近、クリニックで育児相談を受けていると「子どもとの接し方がわからない」と悩む若いお母さん、お父さんが目立つようになりました。

「褒め方がわからない」

「上手に叱れない」

と言うのです。本書で言うところの「アメ」と「ムチ」の与え方がわからないということです。

確かにはじめて子育てをするお母さん、お父さんにとっては、何もかもが不安でわからないことばかりなのは当然でしょう。核家族化された今の日本では、子育てに迷ったときに相談する相手がいないことが多く、子育て中は親が孤立してしまうケースが多くなっているのです。

昔の話をすると、若い方にはうんざりされてしまうかもしれませんが、三世代、四世代の同居が当たり前の頃は、子どもを育てるのはすべての大人にとって大切な仕事のひとつでした。おじいさん、おばあさん、おじさん、おばさん、近所の大人たち、学校の先生など、たくさんの大人と関わって、子どもたちは育てられたものなのです。「賢いね」と褒めてくれる人、「優しい子だね」と頭をなでてくれる人、いたずらを「コラーッ！」と叱ってくれる人、困っていたら助けてくれる人。たくさんの大人が、それぞれの方法で関わってくれることで、子どもたちは「こういうことをすると叱られる」「これをすると褒めてもらえる」ということを日々の生活の中で感じ取り成長していきました。

しかし、今の若いお母さん、お父さんは、ご自身も核家族の中で育ち、兄弟姉妹の少ない環境で育っています。赤ちゃんそのものに接したことのない方もいて、子どもを「宇宙人」のような存在に感じてしまう人がいても不思議ではありません。

子育てを家族という小さな単位の中だけで完結をさせるということは、昔であれば周囲の大人がしてくれていたことすべてを、お母さんとお父さんがしなければならないということです。

基本的な生活習慣から、道徳、マナー、人とのコミュニケーション、情緒、勉強と、身につけさせなければいけないことは山積みです。生まれてすぐであれば、泣いたら抱っこするほうがいいのか、抱き癖がつくから放っておくべきなのか。放っておくとすれば何分くらい泣かせておくのか。母乳の間隔は、ミルクは与えていいのか、白湯は飲ませるべきか、服は何枚着せればいいのか、室温は……。とはじめて子育てをするお母さん、お父さんの悩みは尽きることなく増え続けていきます。

そうした若いお母さんやお父さんの悩みを解決する、身近な存在と言えば育児本でしょう。しかし、今の社会では、育児本もお母さんたちを混乱させる原因のひとつになっています。育児本の種類は数知れず。それぞれに書かれている内容も違いますし、ともすればインターネットでは育児本に書かれてあることを否定する記事も掲載されています。溢れかえる情報に、新米のお母さん、お父さんはパニックになってしまうことが少なくありません。

今のお母さん、お父さんは、小さな頃からテレビもＤＶＤも携帯電話もゲームも、普通に生活の一部だったはずです。それなのに、育児書にはテレビ禁止、スマホをしながら育児をするな、インターネットに頼るな、と時代錯誤なことばかりが書かれています。

本書にも同じようなことを書きました。それは、時代の潮流にのって電子機器を生活の中心にした育児をすれば、子どもがまともに育たないことを、医者や学者は知っているからです。「メディア依存」という言葉も生まれ、テレビや動画を長時間見続けることの危険性も声高に言われるようになっています。

その上、遊ばせる場所は少なく、ゲームやテレビ、インターネットの普及……。お母さん、お父さんをとりまく環境は、確実に子育てがしにくい状況に変わってしまっています。

しかし、どんなに世の中が変化しても、たくましい「折れない子」に育って欲しいという親の願いは変わりません。世の中を見てもリーダーシップをとる人や「器の大きな人」と評価される人は、人の気持ちを理解し、先を読む力があり、問題解決能力に優れた人間であることは、昔も今も変わってはいないのです。学校で人気者になるのは、運動神経のいい子であり、発言力があり、人の気持ちを汲み取れる子です。つまり、いつの時代でも、人間力として求められる要素に変わりはないということです。

では、どうやって育児をすれば、人間力のある子に育てられるのかといえば、それも基本的には昔と変わっていません。甘えさせる時期は徹底して甘えさせ、叱る時期はしっかり叱る、その基本姿勢はゆるぎないものなのです。

子どもはロボットではありません。部品の交換はできませんし、プログラミングを修正するようなこともできません。生身の人間を育てるということは、機械やコンピュータの世界とはかけ離れた、ある意味、正反対の位置にあるものです。

コンピュータゲーム世代のお母さん、お父さんにとって、とことんアナログである育児は、かえって難しく感じるかもしれません。しかし、それは育児の大まかなポイントを知らないからです。

育児の全体像を知り、流れをわかっていれば、「今は泣いても仕方ない時期」「今は反抗するのが成長の証拠」と、ダダをこねられても余裕を持てるようになります。

プログラミングは誤った箇所を後から訂正することができますが、子育ては毎日の積み重ね以外に成果を出す方法がありません。忍耐のいる仕事です。

でも、それは子どもが成長するまでのたった15年間です。長いようですが、すぎてしまえばあっという間です。15年間一緒に過ごしたその軌跡は、子育てが終わった後のお母さん、お父さんの第二の人生を、より豊かなものにしてくれるのです。

壁にぶつかっても乗り越えられる、そして将来に向けて全力で努力できる子どもを育てる。それが育児の大きな柱です。本書がそのお手伝いをできる一冊になることを願って、締めくくりの言葉とさせていただきます。

松川 武平

松川　武平（まつかわ　ぶへい）

日本小児科学会　専門医
医療法人松川クリニック　理事長
病児保育室プチポケット代表

1953年愛知県名古屋市生まれ。1979年、愛知医科大学を卒業後、愛知医科大学小児科学教室に入局し、翌年に名古屋第一赤十字病院に入局。1981年、久徳クリニックで勤務開始。子どもの発達過程、子どもとメディアとの関わりなどについて研究。1986年、父親が理事長をつとめる松川クリニックに入職し、2000年医療法人松川クリニック理事長に就任。2017年4月より、名古屋市学校医会会長に就任予定。

日本小児科医会・子どもの心相談医／日本小児科学会会員／日本アレルギー学会会員／日本小児アレルギー学会会員／日本外来小児科学会会員／日本小児東洋医学会会員／名古屋市小児科医会副会長／愛知県小児科医会理事／名古屋市学校医会副会長／全国病児保育協議会　愛知県支部長

（2017年3月現在）

「折れない子」を育てるアメとムチ

二〇一七年三月一〇日　第一刷発行
二〇二四年九月二七日　第二刷発行

著　者　松川武平
発行人　久保田貴幸
発行元　株式会社　幻冬舎メディアコンサルティング
〒一五一-〇〇五一　東京都渋谷区千駄ヶ谷四-九-七
電話〇三-五四一一-六四四〇（編集）
発売元　株式会社　幻冬舎
〒一五一-〇〇五一　東京都渋谷区千駄ヶ谷四-九-七
電話〇三-五四一一-六二二二（営業）
装　丁　幻冬舎メディアコンサルティング　デザイン室
印刷・製本　シナノ書籍印刷株式会社

検印廃止

Printed in Japan　ISBN978-4-344-91204-5　C0095
幻冬舎メディアコンサルティングＨＰ　https://www.gentosha-mc.com/